四日目の裁判官

四日目の裁判官

司法の小窓から見た事件と世間

加藤新太郎
Shintaro Kato

岩波書店

はしがき

裁判官として四〇年間、弁護士として一〇年間過ごした。一時期(六年間)法科大学院教授も経験したが、本籍は法律実務家であり、裁判実務の中で歩んできた。本書は、そうした生活の中で見聞した出来事を通じて、法と社会・事件と人とのかかわりについて綴ったエッセイ集である。

裁判実務においては、自分の持てる時間と限られた能力の中で、良い仕事をしたいという思いで取り組んできた。それは裁判官なら皆そうであり、自由な精神空間を持つ職業生活はすこぶる快適である(「四日目の裁判官」)。裁判所はさまざまな問題を抱えているにしても使命感を持った清々しい専門職集団によって支えられてきたのだと思う(「部総括の意気地」)。

民事訴訟は形式的な法適用により結論を導いても決着が付かないことがあるし(「漂流する賃料額の争い」)、判決で請求棄却する場合でも裁判所の見方を示すことが真の紛争解決の契機となることがある(「判決書の付言」)。訴訟上の和解で終了するときにも、裁判官の思いを伝える工夫をすることも意味がないではない(「法廷での所見」)。

裁判官に転勤はつきものであるが、名古屋家裁における家事部在籍時や釧路地家裁での勤務経験は忘れがたい(「名古屋家裁のころ」、「釧路勤務時代の追憶」)。東京高裁での六年間は、この日々のために修練を積んできたと得心できる毎日であった。控訴事件はもちろん、簡易裁判所が一審の上告事件(長官代行部）、抗告事件も保全、執行、倒産、家事（輪番）のすべてが係属するし、海難事件や独禁法関係事件、日弁連弁護士懲戒の裁決取消請求など東京高裁が一審で専属管轄となる事件もあり、民事裁判官の仕事の集大成であったからである。高裁時代のエピソードを取り上げたものが多いのは、そのためである。もっとも、仕事のことばかりではなく、日々の生活や法律実務家の在り方に思いを巡らせたものもある。

本書が想定している読者は、法律実務家も視野に入れているが、むしろ司法に関心のあるビジネス・パーソンをはじめとする社会人、その予備軍である学生である。各編のオリジナルは、月刊誌『会社法務A2Z』（第一法規）の連載「『司法の小窓』から見た法と社会」である。本書に収録したものは、連載第六一回から第一一〇回分（二〇一二年一一月号～二〇一六年一二月号）であり、法壇から教壇に転身した時期に執筆したものである。

本書刊行に当たっては、岩波書店編集局第二編集部の山下由里子さんにお世話いただいた。きめ細かな配慮と熱意溢れるお仕事ぶりに厚く感謝申し上げたい。

二〇二四年一月

加藤新太郎

もくじ

第3章　情と涙の家事事件……115

第4章　法律と理論を料理する——高裁の裁判……133

イラスト=城井 文

第1章　裁判官だって人間だもの

1 『ひまわり』

法律実務家になるためには司法修習生として実務の見習いをする必要がある。しかし、司法修習生の社会的な認知度は低かった。NHKの朝の連続テレビ小説で司法修習生が主人公になったことが一度だけある。平成八年(一九九六年)の上半期に放映された『ひまわり』がこれである。

主人公の「南田のぞみ」は、会社をリストラされた元OLであるが、弟の窃盗事件をきっかけに、一念発起して司法試験を受験し、弁護士を志して司法修習生になり、人間として成長していくというドラマだ。司法修習生は、司法研修所で集合研修を受け、地方で実務修習に臨む。

司法研修所は、平成六年(一九九四年)に司法修習生増員に備えて、東京都文京区湯島から埼玉県和光市に移転したところであった。この『ひまわり』では、ヒロインが司法研修所が和光へ移った第一期生である四八期の司法修習生という設定とされたのだ。

ヒロインの受験回数は

脚本家の井上由美子さんと作成スタッフが、事前に、取材をかねて司法研修所を訪問されたことがある。当時、司法研修所の事務局長であった私は、あれこれ質問に答え、こちらからも疑問を尋ねた。

当時の司法試験は、受験浪人の滞留が激しく、それが問題視されている時期であった。そこで、井上さんに、「主人公を何回ぐらいの受験で合格させるつもりですか」と聞いてみた。すると、「せいぜい二回位を考えています」という返事である。そこで、「脱OLをしたヒロインが二回、三回の受験で合格するのでは、司法試験の現状からするとあまりリアリティがないですね」と感想を述べた。これに対しては、「それは分かっています。しかし、視聴者は、この『ひまわり』を司法修習生のドラマであると知っています。ですから、受験時代を長く描いても、視聴者は必ず受かると思って見ているので、面白いと思ってもらえません。そこで、ドラマの構成上二回の受験で合格させるつもりです」と説明された。「なるほど」と得心したが、果たして、ドラマが放映されるや、新聞の投書欄に、「のぞみさんのような短い受験勉強で合格するのはおかしい」という意見が載ったりしたのであった。

ヒロインの実務修習地は、福島にするというので、その理由を尋ねてみた。すると、担当のディレクターが、「私がNHKに入社してはじめての勤務地が福島だったからです」と回答。ウーン、こういうことで、ドラマのディテールは決められるのかと蒙を啓かれる思いがした。

このディレクターからは、「主演女優さんには、どんなタイプがいいと思いますか」という質問も受けた。乏しい知識を振り絞って、「石田ゆり子、鶴田真由、和久井映見」を挙げたところ、「意外によいセンスですね」とコメントされた。「意外に」が冗談か、思わず出た本音かは、問わずにおいた。

司法修習生をめぐる理解と誤解

NHKの朝の連続テレビ小説の主演は若手俳優の登竜門で、オーディションで選抜されるのが例である。『ひまわり』の主演は、デビュー間もない松嶋菜々子さんに決まり、彼女の出世作になった。

司法研修所で『ひまわり』のロケが敢行されたことがあり、松嶋菜々子さんほか御一行が司法研修所にやって来た。司法研修所の模擬法廷教室でヒロインが模擬裁判をする場面が撮影された。

これを見物したが、俳優は、同じ台詞をリハーサル、本番と数回以上繰り返して短いシーンを撮っていくのだ。司法修習生のエキストラも大勢いた。大きなカバンを持ち、いかにもやぼったい、あんな人達をどうやって集めてきたのかというようなエキストラが模擬法廷教室の傍聴席を占めていた。世間の目には司法修習生はこんなにやぼったく映っているのかと感じ、修習生のために悲しんだ。

NHKの朝ドラ効果として、その場所が新名所になって行楽地となったり土産ものができたりする。司法研修所煎餅をつくるというわけにはいかなかったが、『ひまわり』を境に「修習生とは何者であるか」が世間に知られるようになる効用があった。逆に、司法研修所の所在地が知られ、暴走族が来て、石垣にペンキで落書きされる事件も発生した。禍福はあざなえる縄のごとしである。

現実性とドラマ性とのバランス

『ひまわり』の脚本のチェックも頼まれ、幾つかの指摘をした。指摘の結果、「じゃ直します」というところと、「いや、ここはドラマの構成上直せません」という両方があった。

例えば、脚本では、一つの弁護士事務所に二人の司法修習生が配属されていた。「実際には一事務所に一人の修習生が行く形でやっています」と指摘したが、「星野という男性修習生と同じ弁護士事務所で修習することがドラマの構成上必要なので、ここは勘弁してほしい」という返事だった。

反対に、「こんなことは絶対ありませんよ」と指摘したところ、「それでは」ということで直った箇所もある。例えば、検察修習中にヒロインが取り調べの続きをしたいと思って被疑者の自宅に行くという個所があった。検察修習では、司法修習生は、検察庁の庁舎内で指導検事の指導のもとに被疑者の取り調べを実習するが、一人で被疑者の自宅を訪ねていくことは絶対あり得ない。脚本がどう直ったかというと、同僚の司法修習生と、「私、いまこんな事件を担当しているんだよ」というような話をしながら偶然その被疑者宅の近所を通りかかったところ、たまたま被疑者が出てきて、「あっ、取り調べてくれた検事さんじゃないですか(本当は司法修習生)。家へ上がってください」というシーンになっていた。

現実がリアルか、脚本がリアルか

井上さんには、司法研修所教官が自分の体験した事件でドラマ性のあるエピソードも提供した。例えば、父親が子連れ心中を図ったが果たせず、子どもに対する殺人未遂罪で逮捕、勾留、起訴されるというエピソードは、教官が提供したものがタネになっていた。

ドラマでは、離婚した母親の情状証人としての証言もあって、父親の戻る家庭が再生できそうだという理由で執行猶予になった。これ幸いと思いきや、最後にヒロインが子どもから話を聞くと、結局うまくはいかないことを暗示させる結末に仕立てている。

タネとして提供した実際の事件では、親子三人で仲よく暮らすことになったようだ。そうすると、現実の方がハッピー・エンドで、ドラマの方はそうではないことになる。だが、考えてみれば、ドラマの筋書の方がリアルではないか。ドラマの筋立て、構成は、結構奥が深いと感じた場面であった。

2 ジョークは冗句?

アメリカ人はジョーク好きだ。気の利いたスピーチには必ず折り込まれるし、講演の冒頭に持ってくるのもお約束である。あまり面白くないジョークでも笑う。面白さのハードルが低いのか、笑うことが礼儀であるのかのどちらかだ。秀逸なジョークをとばしても、親父ギャグだと一蹴されるわが国(わが身)とは対照的だ。

ただ、ジョークのネタにされる人は大変だ。ある米国ドラマで、夫が妻のことをジョークのネタに始終している夫婦のエピソードが描かれていた。友人・知人はそのジョークを面白がり煽るので、夫は調子に乗るが、妻は内心嫌がっている。あまり品のよくないジョークだからだ。しかし、良き夫であり、他に不満はないので、永年連れ添い老年期を迎えた。夫は認知症を患い、件《くだん》のジョークを連発し始めた。もちろん夫に悪気はない。しかし、妻は離婚を固く決意するという悲劇的な展開をみせる。

ジョークから得られる教訓

映画にもジョークは頻繁に登場する。

何気なく聞いているだけのことが多いが、記憶に残るものもある。

『幸せのちから』(二〇〇六年、コロンビア映画)は、事業の失敗によりホームレスになったが最終的には成功を掴んだ実在の人物の物語である。主人公役のウィル・スミスと息子役のジェイデン・スミスとの会話の中で交わされる、息子が覚えたばかりと思われるジョークを一所懸命に父に披露する場面は印象的だ。

大変信心深い男が溺れていました。船が来て、「助けましょうか」。
男曰《いわ》く「神が助けてくださいます」。
しばらくすると別の船が来て、「助けましょうか」。
男再び答えて曰く「神が助けてくださいます」。
彼は天に召され、神に尋ねた――「なぜ神は助けてくださらなかったのですか」。
神が答えて曰く「船を二隻送りましたよ」。

信仰がらみのジョークであるから、剣呑《けんのん》なものと受け止められかねない。そこで、子供に言わせているのであろう。これは、自分の思う形で救済の手が差し伸べられない限り救いであるとは考えない、われわれの通弊である抜きがたい頑迷固陋《がんめいころう》さを揶揄《やゆ》したものである。この男に限らず、自分の想定する世界でのみ思考し、そのために取り返しのつかない失敗をすることはしばしば経験する。そのような意味では、普遍的な真理を含んでいて苦笑せざる得ない。

裁判所を利用する人の中にも、こうした傾向がみられないではない。

Aさんは、裁判所に出ていけば、善良な自分の言い分が認められ、相手方の理不尽な言い分は直ちに封じられ、裁判官が叱ってくれるはずだと考えている。裁判所の受付に確認すると、そうするためには、訴状を作成し、証拠を揃えて提出しなければいけないと教えられる。客観的な証拠があるくらいなら苦労はしない。そんなものはないが、自分の言うことは間違いない、嘘ではないから信じてほしい、裁判所は正しい者の味方をしてくれるところではないか。

Bさんは、簡易裁判所で少額訴訟手続を利用して、五〇万円の判決を得た。これで解決した、やれ安心、裁判所が取り立ててくれると考えていたが、自分がしなければならないと言われた。相手方に催促すると、のらりくらりと不誠実な対応でラチがあかない。強制執行をしないと五〇万円を得ることもままならないのだ。苦労して判決をもらったのに、裁判所は不親切なところだ。

権利を主張して実現するには、制度・手続として定められている方法を知り、そのように実行していくことが必要である。それをせずに、裁判所は不親切で、正しい者の味方をしてくれないと言い募るのは、ないものねだりというほかない。AさんもBさんも、二隻の船の助けを断った男と同質の陥穽に嵌まっているのである。

笑う時だけ

もう一作、『グッバイガール』(一九七七年、ワーナー・ブラザース映画)の中で出てくるジョークも忘れ難い。

道の向こうから人が歩いてきました。
よく見ると、腹に槍が刺さっています。

全然知らない人なのですが、思わず尋ねてしまいました。
「痛くはありませんか」。
その人答えて曰く「いや、笑う時だけです」。

腹に槍が刺さっているのだから、いつも痛いに決まっている。それなのに、「笑う時だけです」と答えているのが単純におかしく笑えるジョークであるように見える。しかし、人間の心の機微を描くことの巧みなニール・サイモンが脚本に登場させているジョークであるから、含蓄があるように思う。考えてみると、腹に槍の刺さっている人に「痛くはありませんか」と聞くのは、二つの場合がある。一つは、尋ねる側に思慮が足りず間抜けである場合だ。もう一つは、「大丈夫ですか」という思いやりの気持ちで声をかける場合である。

「笑う時だけです」という答えをする動機にも、二つの場合がある。一つは、いつも痛いに決まっているのに、「笑う時だけです」と答えるのは、虚栄心である。もう一つの動機として考えられるのは、苦しくても弱音を吐かないという、いわば人間の尊厳に基づくものだ。

そうすると、組み合わせは四つある。①間抜けな質問に対して見栄で答える、②思いやりからの質問に対して見栄で答える、③間抜けな質問に対して人間の尊厳に基づいて答える、④思いやりからの質問に対して人間の尊厳に基づいて答える、というものだ。

ジョークをここまで分析するのもどうかという気もしないわけではない。ただ、こう考えると、このジョークは人生における他者とのかかわりにおける真実の断面を描いていて、深みのある面白さを感じられる。

そして、裁判官が法廷で出会う当事者は、腹に槍の刺さっている人々である。困難な問題を抱え苦しみに耐えている人であり、弱さと人間の尊厳を併せ持った人である。裁判官はどのように声をかけていけばよいのか。答えは明らかであろう。しかし、思いやりをもって接したとして、その意が通じる保証はない。頑迷固陋さや虚栄心からのレスポンスが返ってくることもしばしばである。

それでも、倦むことなく、「無理をすることはないのですよ」と伝え続けよう。そうすれば、Aさん、Bさんも眼前にあらわれた船が救いであると気づいてくれるかもしれない。

3　法律家に求められるもの

法律家にはどのような資質・能力が必要なのであろうか。実はこれを定めている法律がある。でも、一般の人で知る人は稀《まれ》であろう。もちろん、法律家であれば、誰もが、「法科大学院の教育と司法試験等との連携等に関する法律」という長い名前の法律があり(略して連携法という)、その二条(法曹養成の基本理念)に定めがあることを知っている(はずである)。

法曹が備えるべき素養とは

これをみると、「①高度の専門的な法律知識、②幅広い教養、③国際的な素養、④豊かな人間性、⑤職業倫理(法曹倫理)を備えた」多数の法曹が求められているという。したがって、①から⑤までが実定法の定める法律家の備えるべき資質、能力ということになる。しかし、私は五〇年近く法曹界に身を置いて仕事をしてきたが、これだけそろった素養を備えた方にほとんどお目にかかったことはない。これだけの資質、能力を備えている人であれば、どのような分野で何をやっても成功することは間違いないのではなかろうか。

連携法ができるはるか前のことであるが、商事法務研究会三五周年シンポジウム「大学における法学教育の課題」の中で、新堂幸司先生(東京大学名誉教授、弁護士)が、衝撃的な発言をされた。曰く、「学生のうち、どうかすると融通が利かず、頭の固い、国際的センスのない者が司法試験を受けている。そういう人が裁判官になり、弁護士、検察官になっている」。

　これを聞いたときの愕然《がくぜん》とした気持ちを今でも憶えている。まさしく自分のことではないかと思ったのだ。しかし、考えてみると、このことは、従前のわが国の法律家の活動分野と期待された役割からすると、当然であったかもしれない。新堂先生の指摘を耳触りのよいものに翻訳するとすれば、「融通が利かず、頭の固い、国際的センスのない者」は、「原理原則に忠実な、比較的伝統的な価値意識に立脚した、安定した判断を下すことができる者」ということになる。

　もっとも、これからの社会においては、国民の法律家に対する期待は、広範かつ多様である。グローバル化する現代に国際的な素養を備え、国際標準にかなう仕事ぶりでわが国の国益を守るタフな法律家も間違いなく求められている。その意味で、①から⑤までの資質、能力を備えた法律家を養成することを目指そうという連携法の示す方向は紛れもなく正しい。

　ここで強調しておきたいのは職業倫理である。法曹倫理にかなった正しい法実践がされなければ、法律家は不正・不当な目的実現のための道具として使われるだけの存在になってしまう。それは法律家自らの役割を貶《おとし》めることにほかならない。

　レオナルド・ディカプリオは、『レヴェナント 蘇えりし者』で、二〇一五年のアカデミー賞の主演男優賞をついに獲得した。そのディカプリオが主演し、トム・ハンクスの共演した、スティーブン・スピルバーグ監督の『キャッチ・ミー・イフ・ユー・キャン』という作品がある。地味ではあるが二〇〇二年のアメリカ映画で、そこそこヒットした。一九六〇年代に起こった実話を映画化したもので、ディカプリオが小切手詐欺犯を演じている。フランク・アバグネイル・ジュニアという大変頭のいい若者が、ハイティーン時代の一六歳から二一歳の間に、全世界二六か国をまたにかけ四〇〇万ドルの小切手詐欺をしたという実在の事件をモデルにしたものだ。

その中で、ディカプリオはパイロットに成り済ます。それだけでなく医者に成り済ましたり、法律家に成り済まして検察庁に勤めたりする。主人公は、そうした華やかな職業に就き、詐欺を重ねていく。一方、トム・ハンクスは追いかける側のＦＢＩの捜査官である。その捜査官が、一つだけわからないことがある。それは、どうしてディカプリオが検察庁に勤められたのか。それは司法試験に受かったからなのであるが、トム・ハンクスは、主人公がどのような詐欺的な手法を使って試験官をだまし、司法試験に合格したのかを知りたいとずっと思っている。

最後にこれが明かされる。驚いたことに、ディカプリオは、「バー・イグザミネーションをパスしたことだけは詐欺じゃなかった」と打ち明ける。「二週間夜を日に継いで法律の本を読んで頭に詰め込み、それで司法試験に受かったんだ」と、トム・ハンクスに告白するのである。

アメリカ合衆国では、周知のとおり、ロースクールで三年間勉強し卒業しないと司法試験（州の試験）の受験資格はない。そこで、ディカプリオは、受験資格となるハーバード・ロースクール卒については卒業証書を偽造して、詐欺的に身分を取り繕う必要があった。しかし、能力を実証すべきバー・イグザミネーションは、彼が行った程度の勉強でも受かってしまうのだ。つまり、詐欺師でも、頭さえよければ、詰め込み勉強によって堂々と通ってしまうという試験がアメリカ合衆国ルイジアナ州のバー・イグザミネーションなのだ。これは、大変皮肉な戯画である。実話に基づいていることからディカプリオの告白は大いに笑える場面になっているわけだ。アメリカは登録弁護士の数がすでに一三〇万人を超しており、弁護士を揶揄するジョークが沢山あるが、それらを超える究極のジョークといえよう。

ちなみに、フランク・アバグネイル・ジュニアは、実刑判決を受け刑務所に収監されたが五年ほどで出所し、その後、連邦政府に勤務し、FBIアカデミーや捜査現場でコンサルタントや講師を務めた。また、金融詐欺対策をアドバイスするコンサルタント会社を経営し、トム・ハンクスの演じたFBI捜査官とも親友になったという後日談もある。

有識であれば不正はしない？

それはともかくとして、『キャッチ・ミー・イフ・ユー・キャン』のエピソードは本当に実話であるようだ。そうであるとすると、この話は、賢い者が必ずしも倫理的ではないということを苦い笑いとともに教えている。

わが国の司法試験も、学力試験であり、当人の倫理性・高潔性をテストするものではない。これは、なぜなのか考えてみると結構面白い。頭がよければ倫理的である保証はあるかと問われれば、それはないと普通は答えるであろう。しかし、有識の者は不正をしないはずであるという、一種の秀才信仰が、われわれにはある。四書五経をマスターすることにより、仁者に近づくという科挙の登竜門のイメージを継承しているからであろうか。もっとも、現在の法科大学院では法曹倫理は必修科目であるから、とりあえずは一安心してよいであろう(本当か)。

4　四日目の裁判官

法科大学院の学生からの「なぜ裁判官になったのですか」の次によくある質問は、「裁判官になってよかったですか」である。司法研修所教官のころにも、司法修習生からよく訊かれたものである。司法修習生の質問には直球で応えるばかりが能ではない。例えば、酒席であれば、変化球で応答することもある。

「教官、裁判官になってよかったですか」
「裁判官になって本当によかったと思いますよ。どのくらいよかったかと言えば、生まれ変わったら別の仕事をしてみたいと思うほどです」

別のバージョンは、こうである。

「教官、裁判官になってよかったですか」
「裁判官はよい仕事で、三日やったら、辞められません。でも、四日目には辞めたくなったりしてね」

ある職業が、無前提によい仕事かどうかを問うのは意味が乏しい。あなたにとって、あるいは、特有の資質・能力・志向・属性がある人にとって、この職業はふさわしいかという問いかけでなければならないはずである。

若者が職業選択をする場合には、何をしたいか、何をすべきかを考えるであろう。社会には、実にさまざまな仕事があり、ビジネス・パーソンとして会社に入ることを想定しても、メーカー、商社、金融機関など業種・業態によって、する仕事は異なる。一つの会社に絞っても、営業担当で物を売ったり、セールスプロモーションをしたり、経理担当で帳簿をつけたり、総務部門で企画を立てたりといったように、セクションごとに違いがある。それぞれの仕事に面白さと大変さがあると思う。

どんな職業とも違う仕事、それが裁判官

改めて裁判官の職業としての特色を考えてみると、知的な事務職であり、法律専門職である。したがって、知的な事務をうまく遂行することのできる専門知識と一定の事務処理能力を備え、これを発揮できることが必要不可欠となる。

会社を経営するような業務管理・組織管理能力までは必要とされないが、一定のマネジメント・スキルは要請される。また、会社経営者の経営判断の内実や適否が法的観点から理解できることはもちろん求められる。

さらに、裁判官は、法律実務家であり、具体的な事件を扱い、その過程で、事実認定と法解釈・法の適用を行う。この点において、具体的な事件を扱うのでなく、法の基礎理論を研究し、実定法の解

釈論を唱える研究者と異なる。

また、官であることから、民間の自由業である弁護士とも異なる。弁護士は依頼者を持つ。依頼者からの報酬で生活を立てるのであるから、依頼者に対して相応の配慮をすることはむしろ当然であろう。官も当事者や関与者に一定の配慮をするが、それは事柄の性質からくるのであって、気を遣うというのとは異なる。

裁判官と検察官とは、官である点は共通であるが、最終的判断者である点が、決定的に異なる。検察官には、検察官同一体の原則があり、決裁官の決裁をとり、最終的に一つの結論に達する。建前は、上命下服の世界である。これに対して、裁判官は、最上級審である最高裁で判決が出て、法解釈が統一されるまでは、多様な意見が許容される。というより、他者に理由なく迎合せず、独立した自分の意見を持つことが義務でもある。

このようにみてくると、職業としての裁判官は、かなり特殊なものだということが分かる。つまり、裁判官は、法的問題を含んだ争いに公的に結着をつけることを役割とする最終的判断者である。その裁判官の判断は、法律と良心に基づいて行われるが、これは、裁判の原型に規定されるものだ。

自由な精神空間を持つ仕事、それが裁判官

裁判の原型は、ある人が、「私はこういう言い分があります。私の言い分を裏づける証拠もこんなものがあります」と言うのに対して、別の人が、「いやそうではありません。真実はこうで、私の言うことが正しいのです。それを裏づける証拠だってこういうものがこんなにあります」と言う。そ

て、二人がそれぞれの言い分と証拠を出して、「さあ、どちらの言い分が正しいか決めてください」と問われる仕事である。

それは、まさしく判断にほかならない。その判断過程においては判断の材料となる情報が収集され、その収集した情報を分析して処理していくのである。現代社会は、情報化社会と言われるが、裁判官の仕事は、それ以前からずっと情報処理の本質を持ったものであったといえる。

ところで、裁判以外でも判断の仕事はもちろんある。例えば、行政の政策決定は判断そのものであるし、企業の経営戦略上の意思決定ももちろん判断である。しかし、そうした判断は、その組織のトップないしそれに近いところに至らないとできない。ところが、裁判官はなりたての若い判事補のうちから判断するのが仕事である。

ただ、判断といっても、いろいろ制約があるのでは気が重い。しかし、裁判官のする判断は法律と良心に拘束される以外に制約はない。確かに、法律に拘束されるのは嫌だという人は裁判官に向かない。良心については、客観的良心説と主観的良心説があるが、主観説をとると、良心に拘束されるのは嫌だという人は人間をやめてもらわなければいけない。つまり、裁判官には「ほとんど拘束のない知的な営みをしていくための自由な精神空間」があるのだ。

職業生活において自由な精神空間があるということの良さは学生のうちはよくわからないだろう。自分の経験に照らしても、司法修習生のころは本当はよくわからなかった。自由な精神空間が目の前にあって、「あなたがよかれと思うように決めたらいいのですよ」という仕事に、どれだけ清々しい気持ちで臨めるものか。

しかし、それに耐えられる力がないと辛い。それどころか、居場所がない。加えて、ミス・ジャッジは、関係者にとっては致命的である。そのため、不断の修練が求められるし、常にケアフルで緊張感ある執務姿勢を保持しなければならない。

だから、大変にストレスフルである。裁判官が四日目には辞めたくなる理由は、ここにある。

それでは、四日目をどのように過ごすのか。そう尋ねてきた司法修習生が一人いたが、彼(彼女)は裁判官に任官した。

5 裁判官の動と静

どのような職業人でも、各人それぞれの仕事のスタイルを持っていると思う。法律実務家も同じであり、裁判官も、もちろんそうである。

これは裁判官によってさまざまであるが、あえて理念型を見いだせば、「動と静」の対照的な二つのスタイルがみられる。

「動のスタイル」は、裁判官は何でも知っていないといけない、何でも知っていたほうがよいという発想を基本にしている。知識はパワーの源泉であり、知力はパワーそのものである。裁判官の持てる圧倒的な知識、知力によって、当事者のおかしな主張には、「いや、それは違いますよ」と釈明を求めて是正させ、当事者の提出する証拠をみて「この証拠にはおかしいところがありますよ」という具合に嘘をたちどころに見破る。これが実現できれば、決して誤判はないのだから、当事者は安心だ。「動のスタイル」は、博覧強記の裁判官が知力の限りを尽くし、積極的にバリバリやっていくのが在るべきスタイルだという考え方である。したがって、「動のスタイル」では、裁判官は、飽くことなく知識を広げ、深め、技能を向上させていくことが目標となる。

それに対して、いやそういうものではない、裁判官は知識が多いほうがいいけれども、何でも知っている必要はない、そもそも何でも知っていることは無理ではないかと考える立場がある。これは、「静のスタイル」に赴く考え方だ。裁判官にとって何が大事かというと、だまされないことである。

そして、虚偽の主張やでっち上げの証拠に紛らわされないようにするためには心を澄んだ状態にしておくことが必要である。裁判官が、自分の心を深い森に抱かれた静かな湖のように保ち、鏡のような湖面に石を投げ込むとポチャンと音がして波紋が広がっていく様子を想像してみよう。小石である主張や証拠は、裁判官の心の中に波紋を広げていくが、智慧によって物事の本質が分かり、本当か嘘か見分けられるのだ。したがって、「静のスタイル」では、裁判官は人格の修養、智慧ある者になることが目標になる。

難事件の審理で揺れる「動」と「静」

これらは両極端であり、通常の裁判官はこの二つのスタイルを行ったり来たりする。というより、普通の事件であれば、裁判官は、相応の経験とそれに基づく知識・智慧により、いずれのスタイルでも誤りなくこなせるであろう。

問題は、ハード・ケースである。実務では、一〇件に一件は骨のある事件に当たる。そうした難件の審理に当たり、多くの裁判官は「動のスタイル」と「静のスタイル」との狭間にあって、考えあぐねるというのが実際だ。

「動のスタイル」をとったとしよう。乏しい知識と貧弱な知力のわが身で釈明した場合には、当事者は裁判官の思惑を忖度して、あれこれ対応するであろう。しかし、裁判官にしっかりとした見通しを欠いていれば、混乱に拍車がかかるだけである。さらに、証拠に対する思い付きのコメントがことごとく的外れであれば、当事者の反発は必至である。

それではと、「静のスタイル」を気取ってみても、凡庸な浅智慧をもってしては、主張や証拠の真実と虚偽とを嗅ぎ分けられる術はない。悩ましい限りである。

しかし、そうであったとしても、裁判官が自分の審理のスタイルをどのようにしていくかという問題は残る。それは、基本的には各人の個性と持ち味でやっていくほかはない。

「それでは、あなたはどうなのですか」と尋ねられると、これは結構難問だ。

「噺をしない噺家」と「判決を書かない裁判官」

あるとき、今は亡き落語家の二代目桂枝雀が、自分の理想とすべき噺家についてトーク番組で語っているのを聞いて感心したことがある。桂枝雀は、「自分がなりたい、在るべきだと思う噺家とは、高座に上がって何を話すのでもなく、ニコニコして機嫌のいい心持ちで座っている。そうすると自分の機嫌のいい状態がだんだん客席に伝わって、お客も何となく楽しい気分になってニコニコ機嫌のいい状態になっていく。どんどんそれが広がっていき、時間が来たら、ご退屈さまということで高座をおりる。これが自分の考えている噺家の理想である」という。つまり、「噺をしない噺家」だ。

ウーン、なるほど。「噺をしない噺家」は、噺をしないでも、客を上機嫌の楽しい気分にすることができるのであるから、確かに、窮極の理想型である。

これを裁判官の姿に当てはめるとどういうことになるのだろうか。

例えば、こういう法廷を実践することになるのではなかろうか。

それは、裁判官である私が機嫌のよい生き生きした状態で法廷に入っていく。そうすると、爽やかな雰囲気に満たされ、心癒される空間ができ上がる。

民事事件であればそうした極上の雰囲気の中で、強欲で理不尽な主張をしていた原告は、法廷の温容に触れ「無理な主張をしていたらいけない、人の道に反する」と悟り、おかしな主張を引っ込める。引き延ばしを図っていたずる賢い被告は、「自分の処世は大層まずかった」と猛反省する。すると、よくしたもので、事件は自然に訴訟上の和解に赴き、裁判官は、判決を書く必要がなくなる。

これ、すなわち「判決を書かない裁判官」だ。「判決を書かない裁判官」でも、訴訟上の和解によって民事紛争がどんどん解決していくのであるから、「噺をしない噺家」と同じく、これまた窮極の理想型である。

刑事事件であれば、どうなるか。

警察でも検察でも頑強に否認していた被告人が、その法廷の温容に触れ我に返って非を悔い改めて涙を流して自白する。法廷で真相が明らかになり、判決も、被告人の反省をよしとして、自ずと温情的なものになり、判決言渡しで、また被告人が涙する。

これは、「静のスタイル」どころか、「無のスタイル」である。こういう法廷は理想であるが、現実には、どこにも見当たらない。ならば、このうえは、基本に返り、当事者の思い、係争の背景を洞察し、主張と反論を読み込み、争点を押さえ、釈明も適度に行おう。事件をより深いところで理解し、事件のスジを感得しつつ、気持ちを落ち着かせ、丹念に書証を読み解き、偏見を持つことなく人証の評価を適切にしていくことにしよう。ハード・ケースには、「動」と「静」のスタイルの揺らぎの中で、事案を解明していくほかないであろう。

6　裁判所の柵の色

これからの裁判所は「地域に根差し、住民の身近にある存在」であることが望ましい。そして、実際に人々にそのように意識されるためには、日々の仕事を誠実に行い、頼りにされることが基礎になる。ただ、それだけではなく、目にみえる具体的な形で表すことも必要ではないか。甲所長は考えた。例えば、裁判所の柵の色である。

N地方裁判所の柵は、錆《さび》を目立たせないように地味な茶色で塗らされていた。いかにも冴《さ》えない。そこで、甲所長は、柵のペンキの塗り替え時期に、職員と相談して、その県のシンボルカラーである「Nブルー」で塗り替えてみた。Nブルーは、日本海の青をイメージしたものという。

柵のNブルーへの塗り替えは、地域とともにありたいという裁判所の気持ちが伝わるということで地元弁護士会、調停委員などに、好評を博した。裁判所を訪れる人々の評価を直接聞くことはできなかったが、A新聞の地方版で報道され、それなりに話題となった。この柵塗り替えは、ささやかながら、甲所長の数少ない成功体験(?)として記憶された。

規制の対象外ではあるが……

甲所長は、M地裁に異動になった。M地裁の柵は白色で、門は茶色であったが、やはりペンキの塗り替え時期がきていた。そこで、甲所長は、ここでも職員と相談のうえで、県のシンボルカラーである「Iブルー」での塗り替えを考えた。Iブルーは、太平洋と霞ヶ浦の青をイメージしたものという。その段取りとしては、一〇月一日から始まる「法の日」週間の前に塗り替えを行い、その意図を公表して広報につなげることが、効果的である。

ところで、M市には、平成四年に制定された「都市景観条例」があった。しかし、M地裁のある地域は、都市景観重点地域からは外れており規制の対象外であり、裁判所の柵の塗り替えは市に対して通知の必要はないことはすでに調べてあった。つまり、M地裁のエリアには、この条例の適用はないのだ。

しかし、甲所長は、その見かけよりはるかに慎重である。M地裁のエリアは、規制の対象外ではあるにしても、念のため、M市に意見を聴取しておいた方がよいだろうと担当者に指示した。その結果、M市の都市計画課景観係長から、都市景観重点地域に近接しており、Iブルーは原色で景観にそぐわないとの理由で、塗り替えは控えていただけないかという回答がされた。甲所長は、M市側の言い分について、しばらく考えてみることにした。

甲所長は、司法記者との間で、月一回の懇談会を持ったり、取材でなくとも、気軽に雑談に応じていた。そうした雑談の中で、何社かの記者に「近づき難い裁判所のイメージを変えるためにどうしたらよいと思うか」と尋ね、柵塗り替えにも触れてみた。記者はおおむね、裁判所の塗り替え意図に共感する好意的な反応を示した。とりわけ、A紙とS紙の記者は、N市からの転勤組で、「N市でできたことが、M市ではできないんですね」と首をかしげた。もっとも、最初に柵塗り替え問題を記事にしたいという意向を示したのは、Y紙であった。

甲所長は、記事になる場合、柵を県のシンボルカラーに〝塗り替えること〟との裁判所の意図が正しく伝えられることが必要だと考えた。そこで、記者には、柵塗り替えの意図をレクチャーし、市の担当部署の意見や第三者の意見も聞くほうがよいのでは、と示唆した。

そうしたところ、Y紙県内版に「柵の色巡り地裁VS M市」という見出しの記事が掲載された。やや興味本位の捉え方というきらいはあるものの、事実経過を比較的正確に報道した記事であった。これは話題を呼び、ある調停委員は、「県のシンボルカラーへの塗り替えに横やりを入れた背景には、市と県との微妙な関係があるように思いますよ」と解説してくれたが、その真偽は不明である。

地裁委員会での意見交換

折しも、秋の地裁委員会が開催される日が近づいていた。地裁委員会は、地裁の在り方について外部の有識者の意見を聞き、その運営の参考にしようという目的で置かれている。甲所長は、予定された議題に加えて、柵塗り替え問題も、地裁委員会で意見交換をしたいと考えた。

意見交換の結果、①裁判所の意図を評価するもの、②景観にそぐわないという市の評価はおかしいとするもののほか、③ブルーは気持ちを鎮めるものであるからむしろ裁判所に相応《ふさわ》しい、④色は主観的なものであるのに、これを市が判断して云々《うんぬん》するのはいかがなものか、⑤塗り直してみて、どうしても違和感があればその段階で考えればよいというものなど、賛成意見が多数であった。中立的な意見として、市と意見調整を図ったらどうか、急ぐことはないというものもあった。

地裁委員会の議論を経て、甲所長は、裁判所がこの時期に「地域に根差し、県民の身近にある存在」であるというイメージを形成することの意義は、理解・支持されたと受け止めた。そして、地裁委員会後に記者レクをしたところ「ブルーに賛成多数」(Y紙)、「所長提案　市は反対意向」(A紙)、「どうなる『Iブルー』」(J紙)などの記事になったが、そのトーンは、いずれも塗り替えてもよいのでは、というものであった。

その翌日の市長定例記者会見では、記者から、この問題が質問され、市長は市の見解を繰り返した。これが、「M市長、再考を促す」(Y紙)、「県都としての風格を」(J紙)などの記事になった。

また、S紙は、甲所長を取材し「Iブルー景観損ねる?」と題するコラム記事を掲載した。そこでは、裁判所として景観を守りたいという思いは市と共通であること、青で塗ること自体が目的ではなく、県民とともに歩む象徴としての意味があることなどが報じられた。

所長の決断

甲所長は考えた。裁判所の意図が正しく報道され、広報としての意味は十分あった。しかし、一部に、市との対立を強調する興味本位の捉え方が伏在しているのは不本意だ。もともと「地域に根差し、県民の身近にある存在」を目指すという意図であるから、地元自治体と軋轢《あつれき》を生じるのでは意味がない。柵をIブルーに塗り替えることは見送ろう。

甲所長は、記者レクをしてこのことを伝えたが、少し落ちをつけてみた。

「柵の問題だけに、良い策がないか模索したものです」。

7「なんて日だ！」

Aさんは、東京駅で東北新幹線の指定席の車両に乗り込んだ。そこで、カバンを座席に置き、背広の上着を掛け、まだ時間がありそうだからドリンクでも買おうとホームに降りた。その直後、気配で振り向くと、目の前でドアが閉まるところだった。

まさかの出来事

Aさんは、財布、携帯電話をカバンに入れたまま、新幹線の車外に出た直後に列車が発車してしまったのだ。腕時計を正確に時間合わせしていなかったせいだ。こうした場合に、「頭が白くなった」という表現がよく使われるが、Aさんの場合は、シンガーソングライター嘉門タツオの唄う「鼻から牛乳～」のフレイズが頭に浮かんだ。

その日は講演するために仙台に赴く予定であった。一緒に登壇するT先生と同じ車両に乗り合わせ、降車後改札で待ち合わせ昼食をとった後、打ち揃って会場に向かう約束をしていた。AさんはT先生に付いていけばよいと考えていて、会場の確認もろくにしていない。大ピンチである。「ピンチはチャンス」という箴言も脳裏をよぎったが、何の助けにもならなかった。

とりあえず、ホーム事務室に駆け込み、駅員に事情を説明し、善後策について助言を求めた。幸い切符はワイシャツの胸ポケットに入れてあったので、めったにないであろうドジな状況について裏付けを伴う説得的な説明ができた。駅員は、「次の列車の自由席で仙台に行ったらどうですか」という。もちろんそうするほかないが、カバンと上着は仙台で下してもらえるのか。尋ねると、「それはできない。終点の新青森まで取りに行くか、料金着払いで送ってもらうかのいずれかになる」という。

荷物の持ち主の特定さえできれば、融通をきかせる対応をしてくれてもよさそうに思うが、それは無理なようだ。理由は、車掌が一人しか乗車していないからだという。ウーン、仕方がないか。それでは、「せめて、カバンと上着が指定席にあることを確認し、直ちに回収してもらえないか」とお願いしても、難しいという。車掌は一人で多くの業務をこなさなければならず、途中駅で乗車する客の切符をチェックするまで、車内巡回はしないというのである。

列車が発車した直後に届け出ているのに、車掌は切符チェックの巡回まで荷物の回収はしないという。この説明の通りだとすると、下車する客がカバンごと持ち去る可能性がないとはいえず、心配になる。しかし、Aさんは、ここで押し問答をしてもラチがあかないと考え、それ以上の折衝は断念した。そして、住所氏名を届け、問い合せ先電話番号などを教えてもらった。

Aさんは、小さな胸を不安に打ち震わせながら、次の列車に乗り込んだ。この列車の仙台駅到着時刻だと講演会場と駅との距離いかんにより開始予定時刻に間に合わない可能性がある。また、講演の相方のT先生に約束の列車に乗りそこなったことを連絡する必要がある。そこで、車掌室を目指して移動していると、巡回中の車掌と遭遇することができた。

Aさんは、当面している災難の詳細を繰り返し伝え、荷物の所在確認と先行列車のT先生に対する車内アナウンスをお願いした。この車掌はAさんの失態を気の毒に感じた模様で、早速善処する旨請け合い、その結果を教えると言った。「地獄に仏　その1」である。

Aさんは、車掌の対応結果を持つ間に、うろ覚えの会場の名称と駅からの距離・時間を確認したいと考えた。隣席の男性客をそれとなく観察すると、「大学図書館の機能向上の課題」という類のペーパーを読んでいる。ペーパー読みが一段落着いたと思われるタイミングで、Aさんは、「大学にお勤めですか。仙台の方ですか」と精一杯感じよく話しかけてみた。

運気好転

すると、彼は、仙台に実家のある、大学図書館や研究者のサポート・サービスを提供する会社の人であることが判明した。Aさんは、恥を忍んで、自分の失策と窮状を説明した。この人は、中途半端なワイシャツ姿で荷物を何も持っていないAさんを訝しく思っていたらしく、その謎が解けたことで、大いに同情してくれた。そして、親切にも、スマートフォンを駆使して、講演会場を探し、仙台駅からタクシーでワンメーターの距離であることを教えてくれた。「地獄に仏　その2」である。

そうこうするうちに、車掌が戻ってきて、荷物は確保できていること、先行列車での車内アナウンスは依頼済みであることを伝えてくれた。とりあえず一安心である。Aさんは、荷物の回収についても尋ねたが、これは、「新青森まで取りに行くか、料金着払いの送付か」のどちらかという東京駅の駅員の説明と同様であった。見たことはないが、JRの運送約款に定めがあるのであろう。

Aさんは、ここで、この日のメインの用務である講演の段取りと内容について、頭の中でネタ繰りを始めた。レジュメや資料はカバンの中で手元には何もないが、前夜眠い目を擦りながら一通りこなしておいてよかったとつくづく思った。同時に、「睡眠不足だから、こんなポカをやらかしたのかも」とも考えた。逆境は、人を考え深くさせる。

仙台駅に到着したが、折からの雨であった。天気予報を見て傘は用意してきたが、カバンの中だ。タクシーで行くほかない。小銭入れ在中のコインでタクシー料金は賄えるだろうか。Aさんは小走りでタクシー乗り場に駆けつけ、講演会場を目指した。

会場には、講演開始の五分前に到着し、何とか間に合った。T先生との掛け合いの講演は、無事に終了した。

Aさんは、講演終了後、T先生に事情を話し、新青森行きの運賃を借用した。仙台駅事務室で、念のため確認すると、「荷物は新青森ではなく、盛岡で保管している」という。ここで聞かなければ、悲劇続演になりかねなかった。よし、運気は好転している。

盛岡駅では、身分の証明をカバンの中にある財布在中の運転免許証で行い、荷物を引き取った。なくなった物は何もない。不幸中の幸いである。盛岡止まりになったのは、ここで車掌交替があったからという。どこまでも運営者側の理屈で処理されているようだ。Aさんは、昼食をとっていないことにようやく気づき、失策がなければ食することもなかったであろう名物盛岡冷麺を美味しくいただいた。

お笑い芸人バイきんぐの小峠風にいえば「なんて日だ！」という一日だった。

しかし思い起こせば、講演冒頭で、この出来事に触れ、「このような失敗をする者が『弁護過誤』を論じる資格があるのでしょうか」と始めたところ、会場に大爆笑の渦が起こったことをAさんはせめてもの慰めにしたいと考えている。

8　裁判所による政策形成

「日本の裁判所は司法消極主義の権化である」という説が広く流布してきた。ダニエル・H・フット教授の『裁判と社会——司法の「常識」再考』(NTT出版、二〇〇六年)によれば、わが国では、司法消極主義者はやや肩身の狭い思いをしているが、「(アメリカでは)『司法積極主義者』というと、一般には侮蔑的な意味で使われる」(一五六頁)ということであるから、レッテル貼りよりも内実を考えることが大切であろう。

司法がどのような役割を期待され、実際にどのような機能を果たしているかは、重要な問題であるが、大雑把な印象論で語られることが少なくない。しかし、司法の政策形成への期待は、社会が安定ないし停滞している時期か、活性化し変動期にあるかにもよるし、どのような案件によるかにも関わる。また、その期待を実践することができるかは、制度的要因やその時期の政治的環境も無視することはできないであろう。したがって、どの時期のどのような類型の事件についての判決が、裁判利用者の失望を招くのかについては、そう簡単には論じられない。

判例法理創造の歴史

実は、日本の裁判所には、私人間の秩序の形成に関して、判例法理を創造してきた歴史がある。フット教授は、『裁判と社会』において、わが国の裁判所が意識的に政策形成を行う分野とそうでない分野の区別を試みている。分析の結果は、裁判所が意識的に政策形成を行ってきたのは、第一に、大量の事件に飲み込まれかねない事態に直面した分野(場合)であり、第二に、そうでなくとも、①新たな社会問題が発生・認識され、②これに重大な道徳的側面が伴うのにもかかわらず、③立法府・行政府が動かず、④熱心・創造性豊かな弁護士が訴訟を追行し、⑤そうした熱意を熱心・創造的な裁判官が受容した場合であるという。

この分析は、少数の最高裁判事のイニシアティブによる規範形成(刑事再審基準、法人格否認の法理)、新しい社会問題に対応した下級裁判所の先例を集積した規範形成(公害事件、雇用機会均等、性的嫌がらせ)、下級裁判所による人間関係安定性維持の観点からの規範形成(解雇制限、借家、離婚)、裁判所の組織全体としての規範形成(交通事故、破産)などの事例研究を踏まえたもので説得的である。近時のサラ金・クレジット会社に対する過払い金返還請求訴訟における判例法理の形成も、フット説を例証するものだ。

裁判所による政策形成は、裁判官の役割論に関わるものである。裁判官の役割を論じるに当たっては、わが国の裁判官の執務におけるメンタリティの重層構造を認識することが欠かせない。

第一に、建前としての法規実証主義(説明としての形式的法適用)と本音としてのパターナリズム(底流にある後見的配慮)という重層構造である。これを、民事訴訟に即していえば、建前としての弁論主義と底流にある正義必勝の観念への配慮とが重層的な構造を形成している。正義必勝の観念を具体化したものが、積極的釈明義務論であり、当事者の主張していないポイントについて勝敗逆転の可能性がある場合には、裁判官は判例法理により釈明義務が課されている。このような理解からすると、裁判所が政策形成を行ってきた分野は、裁判官の本音としてのパターナリズムが発動される場面であったということになろう。

第二に、裁判所による政策形成を、民事訴訟における判断の重層性から考えてみることもできる。民事訴訟の結論を導く判断には、論理的一貫性(形式論理の整合性)が求められるが、その結論は具体的妥当性(実質論による吟味)を欠くものであってはならない。前者は、分析的判断であり、後者は、統合的判断(事件のスジによる点検)である。このような理解からすると、裁判所が政策形成を行ってきた分野は、形式論理の整合性よりも具体的妥当性(実質論による吟味)が要請されると考えられた場面(例えば、解雇、借地・借家)であるということになる。

さらに、裁判所による政策形成は、公共的(公法に限定されない)分野における裁判官の審理のスタンスに相当程度関係している。フット教授も、この問題を扱っており、司法の守備範囲論を前提にしても、公的な事項と私的な事項という境界論や争点の政治的意味合いが強いか否か、政権政党に利害関係が特に強いか否か、などの基準では裁判所が政策形成を行ってきた分野の説明は難しいという。この指摘は、裁判官は論点の政治問題化を回避すべく自己抑制をしているという俗論をスマートに排斥していて秀逸である。

なお、公法分野における政策形成を促すための環境整備として、行政法立法時における司法審査の観点の意識的充塡、行政法学における研究状況の進展が不可欠であることは、指摘しておかなければならないであろう。現状では、法制的に、あるいは法解釈論の面で、公法分野における訴訟による政策形成はかなり厳しい限界があるからだ。

判決内容と裁判官の人事

フット教授は、裁判所による政策形成における制度的要因との関係で、人事制度(裁判官の評価)にも言及する。その中の、「ことの真偽は別として、判決次第で自分の経歴が左右されると裁判官が感じれば、それ自体で裁判官に萎縮効果が及ぶ可能性がある」(同書一八八頁)という指摘は重要である。判決内容が人事に影響するという言説がアナウンス効果を持ち、俗耳に入りやすいことからマスコミなどで喧伝されると、俗論とはいえ、常識化する。そうすると、一般人までその種のことを言うようになり、裁判官をうんざりさせる。

裁判官在職時に、冷凍庫発火事件判決(東京地判平成一一年八月三一日判時一六八七号三九頁)を出したことがある。これは、製造物責任法の施行前に業務用冷凍庫から発火して火災事故が発生したことにつきメーカーに対して損害賠償責任を問うケースであるが、事実上の推定の手法により、メーカーの責任を肯定したものだ(一審で確定)。判決言渡し時から間もない時期の、ある研究会の雑談の折に、この判決が話題になり、私が担当裁判官とは知らない、消費者団体事務局長で高名なHさんから「大企業を敗訴させ消費者を勝たせた裁判官は左遷されるのではないですか」と真顔で尋ねられた。

「あの判決は私が出しました」と告げたときのHさんの申し訳なさそうな表情は今でも思い出す。

9　裁判官、民間企業を覗く

裁判官の研修といえば、司法研修所に集めて講演を聴いたり、セミナー・演習を行うイメージがある。これは、集合型研修であるが、実は派遣型研修もある。裁判官を一定期間民間企業や報道機関に派遣し、その仕事を体験、観察するスタイルの研修である。キャリアシステムをとるわが国の裁判官は、裁判所以外の組織のメカニズムやそこでの仕事をする人の働きぶりをよく知らない。もちろん、係属事件の審理を行うことで、垣間見ることはあるが、企業活動の不手際に起因する事柄はいわば病理現象である。しかし、日常の職務を離れて、民間企業の内部から、生理現象としての普通の活動を見聞することは、その視野を大きく拡げ、自らの仕事を見直そうという契機となる。

民間企業での短期研修

私が大阪地裁で勤務していた時期(昭和六〇年)に、民間企業短期研修が発足し、栄えある第一期の研修生としてこれを経験した。

初年度に研修担当企業として名乗りを上げてくれたのは東京商工会議所に役員を出していた企業六社であった。一〇年以上の勤務経験のある若手判事三人が、このうち三社を三日ずつ訪問・見学するのである。私がお世話になった三社は、業種・業態や規模、生い立ちの異なる、商社M、電鉄T、硝子食器メーカーSであった。

この研修は、民間企業の実際の生きた活動の一端に触れることにより、広く世間を知ることが目的だ。したがって、研修に参加させる若手判事は「世間を知らない」ことが適格要件とされ、不肖私が選抜され、参加の恩典に浴したのだ。特定の企業の内部調査をしてくるわけではない。個別の企業が置かれた環境と仕事ぶりから広く経済社会の実相を知ることに意味があるのだ。

各社の研修プログラムは、業界の全体状況、その中での自社の概況、組織、経営方針、当面する業務管理、人事管理、労使関係の課題などについて、レクチャーを受け、現場部門のある会社については、工場、支店、営業所を見せてもらうものだ。S社では取締役会の傍聴をさせてもらい、M社では労働組合幹部との懇談の機会も設けられた。また、T社では電車運行の司令塔から沿線の不動産分譲までグループ会社の仕事を子細に見聞できた。さらに、終業後の呑ミニケーションも充実し、まさに怒濤の九日間であった。

折しもバブル経済に差し掛かる時期であったので、各社とも勢いがあり、大変面白かった。この間に感じ、印象に残ったことは、以後の裁判官の仕事の糧となった。

第一に、各企業は同業他社に対する競争力を高め優位に立つため合理化を積極的に推進していた。T社では、事故発生時に備えた駅員数確保という当局の行政指導に対し、出改札の自動化、自動券売機の導入、駅長の複数駅管理などの施策により駅員の減員を図っていた。M社では、営業部門を除いた管理部門について要員を一律二割カットした結果、セクションによっては残業・休日出勤を余儀なくされている状況がみられた。これらの施策は、個人レベルでは不満はないわけではないが、大勢は企業体質の改善、競争力アップで他社と差をつけるためには必要と受け止めている。なるほど、これが民間企業なのだと実感した。

第二に、各企業とも、時代の変化、社会のニーズの変化について敏感であり、時代の流れを読んでそれをビジネスに結び付けていくためにはどうすべきか、考えをめぐらせていた。T社は、グループとして、3C（クレジット、ケーブルテレビ、カルチャー事業）に手を伸ばそうとしていた。M社は、もともと扱う商品・製品が多様で国・地域ごとに多様なビジネスを展開しているから、輸出入するモノの流通を具体的に聴くだけでも新鮮であった。その上、M社は、当時ニューメディア関連について巨額な投資をして新規事業立ち上げの方針を打ち出した矢先であった。S社も、市場をにらんで硝子食器の多品種・少量生産に切り換えていく時期だと語り、かつ食器が本業であるにもかかわらず、クリスタルの楽器（バイオリン）を研究・試作していた。

第三に、各社のカラーというか、従業員の雰囲気も自ずと特色があり、これも興味を引いた。M社の社員は、国際的な仕事をしたい、海外に雄飛したいという意欲を有し、偏差値の高い大学の出身者が多く、「大学同期の△△さんが裁判官になっていますが、ご存知ですか」と問いかける方も結構おられた。広報担当者のお世話になったが、その方は、ドイツのフォルクスオーパーのファンであるばかりか、その評論まで手掛けようかという粋人で、人材の層の厚さを感じた。T社は、研修受入れ担当の総務部の人が、大層気さくで、「電鉄会社は沿線の地主の子弟を入社させることがあるが、自分もそれで入社できた」と冗談とも本音ともつかないエピソードを披露してくれた。S社は、手作りのクリスタルガラスを生産していて、その職人を養成するため中卒採用を原則にしていたという。手に職をつけているので職人の給料はかなりよいが、世の中の進学率のアップに伴い、結婚相手をさがすのに難儀をするという話も聞いた。

ある程度慣れてくると、こちらも裁判官であるから、説明を聞くだけで事足れりとはせず、関心を抱いた事項には、バックデータの有無を尋ね、抽象的なビジョンは具体的にはどういうものなのかを教えてもらった。もっとも、例えば、企業体質の改善、競争力アップの必要性を語る人も、皆と声を併せて言っているだけの人と、さらに具体的に自分の問題として説明できる人とに分かれ、後者は少ないことにも気づかされた。これは、裁判所の当面する問題を尋ねられた我々裁判官も同様であるとも感じた。

研修後の変化

民間企業短期研修で何が変わったか。コスト意識、サービス精神は、自分の仕事でも必要だと痛感した。日経新聞をとり、「ワールドビジネスサテライト」を視聴するようになった。城山三郎、高杉良ほかの企業小説も以前よりも進んで手にするようになった。何よりも、懸命に奮闘する企業人の実際に触れ、忙しいのは、また一所懸命仕事に取り組むのは裁判官の専売特許では決してないと感じた。さらに、各企業の業種・業態の違いから仕事の中身は異なっても、仕事そのものの価値は、我々の仕事のみが尊いわけではないという相対的な視点も得た。

後日談であるが、親しくなったT社の担当者は、翌年の研修員に「加藤さんは釧路に転勤したと聞きましたが、何かまずいことでもあったのですか」と気遣って質問してくれたという。

10　想定外の事態の法令解釈

人事院の各省庁の課長級職員研修に参加したことがある。司法研修所事務局長時代のことであるから、もう四半世紀以上前になる。民間企業や地方公共団体からの参加者もいて、上級管理者として必要な識見・能力の充実を図るオール・ジャパンの研修の様相を呈していた。年齢の上限五〇歳の三〇人ほどの者が一週間合宿(相部屋)し、講演を聴いたり、政策課題を討論するのである。仕事は違うが世代の同じ者同士の異業種交流の要素もあるため、互いにずいぶん親しくなった。研修終了後も同窓会をしようということになり、「第一三一回管理者研究会」の回数をもじって、百歳(ひゃくさい)の会と称し、その後も、間隔をおいて飲み会をし、旧交を温めている。

この研修の講演の中の圧巻は、佐々淳行さんの講演「危機管理――信頼できるリーダーの条件」であった。佐々さんは、内閣安全保障室長を最後に退官され、当時は民間人になっておられた。

佐々さんは、「法による行政」原則があるが、法がないところでは、自分の省庁の権限拡大につながるところには口を出すけれども、得にならないところは他に押し付ける消極的権限争いをするのが行政官の属性だと喝破された。

ミグ25亡命事件の所管は

これが典型的に現れたのが「ミグ25亡命事件」である。一九七六年九月に、当時のソ連空軍ベレンコ中尉が、ミグ25を操縦して函館空港に強行着陸するという事件があった。ここに、危機管理・安全保障行政の大混乱が始まったのである。

担当省庁は一体どこなのか。当時の国家行政組織法には、この案件の分掌事務についての定めはなかった。想定外の事態だからだ。それでは、どうするか。これは嫌な案件であるから、各省庁の担当者が、よそに押し付けようと一斉に勉強を開始する。

ソ連軍のミグ25が飛来してきたわけであるから、常識的には防衛庁(当時)が所管だろうと見当をつけ、自衛隊法を見てみると、同法八四条に「領空侵犯」の文言がある。これから、防衛庁の所管ということになるはずである。しかし、防衛庁は「空を飛んでいる間は領空侵犯であるが、着陸しているからもう領空侵犯はなく、八四条事案ではない。すでに防衛庁の手を離れており、密入国事案だから法務省入国管理局の所管である」と主張した。

この議論には、入国管理局が「これは警察の所管である」と反論した。ベレンコ中尉がトカレフを所持し威嚇射撃もしたからだ。れっきとした銃刀法違反であるし、火薬類取締法違反であるから警察の所管である。入管と警察との間で消極的権限争いが始まったのである。

当面は身柄をどうするかが緊急の問題で、密入国で逮捕するか、銃刀法違反で逮捕するか侃々諤々の議論になり、どうするかというときに、ベレンコ中尉が「アメリカに亡命したい」と言い出した。そこで、外務省がアメリカと交渉したところ、アメリカが「身柄を引きとりましょう」という意向を示し、ソ連の抗議をよそに、本人は無事にアメリカに亡命することができた。これで、ベレンコ中尉の処遇の問題はなくなった。

ところが、ミグ25の機体は依然として函館空港に残っている。これをどうするか。航空機だから、運輸省(当時)航空局の所管ではないかと誰もが考えたが、航空局は、「民間航空機は扱うけれども軍用機は扱わない」と主張した。

航空局は、やはり警察の所管であると言う。なぜかといえば、「これは一種の落とし物であるから、遺失物法を管理する警察の所管である」。これに対して、警察は、「これは一種の密輸である。だから、大蔵省(当時)の税関の所管である」と反論した。

そこで、どうなったか。防衛庁設置法の「防衛の情報調査に関すること」という条項に基づき、ソ連の最新鋭の軍用機であるミグ25を調べるのは、防衛の情報調査に関する事柄だということになり、防衛庁が機体を分解して調査することになった。ところが、ソ連にしてみれば、機体は機密情報の塊であるからこれを調べられるのはとんでもないことだ。当時は、国籍不明の軍用機がやってきて、函館にあるミグ25を破壊するのではないかと心配もされたほどの緊張が走った。

その矢先に、ソ連が強硬に返してくれと談じ込んできた。これに対して、外務省は日ソ関係の悪化を懸念して柔軟姿勢を示し、ソ連の機嫌を損なわないために返してやったらどうかということになり、その方向に落ち着いた。

それではどういう方法で返すのか、誰が返すのか。外務省が折衝しているのであるから、外務省が返したらよさそうなものだが、外務省は「情報と人は扱うけれども、物は扱わない」と言って動かない。

それなら「自衛隊のパイロットが、これに乗って操縦して返したらどうか」という議論も出たが、これは海外派兵になるから駄目。さらに、「返すのは一種の輸出である。輸出だから通産省(当時)が所管だ」という議論も出た。しかし、これには、すぐに武器輸出三原則に反するという声があがる。

結局、「紛争地域に武器を輸出するのはまずいが、紛争解決のために輸出するということだから特別にOK」という理屈で、輸出という形で返そうということになった。しかし、通産省は、「うちは許認可官庁だから輸出の主体にはなりえない。どこかが輸出主体になれば、許認可官庁として輸出していいという許可をする」と言う。そこで、防衛庁が輸出主体になって、通産省が許認可をして日立港からソ連船でミグ25を輸出するという形で返っていった。

事件の顚末

残った問題は、ミグ25が壊した函館空港航空安全誘導装置の修理費、警備要員の糧食費、大型トレーラー借上げ賃、荷揚げ費用、港湾使用料など、事件処理に要した一連の費用をどこが負担するか。果たして、どの省庁も支払わない。そこで、日本政府はソ連に要求した。しかし、今日に至るもその支払いはされていない(佐々淳行『ポリティコ・ミリタリーのすすめ』(都市出版、一九九四年)二六〇頁)。

これが、「ミグ25亡命事件」の顚末である。行政官は法律に決まっていなければ、法令解釈の範囲内で、アッと驚くような理屈を展開する。しかし、それでよいのだろうか。

佐々さんの軽妙な話しぶりと問題提起の中身の深刻さとの間の皮肉なギャップを感じた受講者は皆、省益と国益との関係、行政官の保身と法令解釈の名の下に行われる正当化について、それぞれに思いをめぐらせ、考え込んでしまったのであった。

11　ソウル、再び

二度目のソウルである。成均館大学校で開催される「第八回日韓民事訴訟法共同研究集会」に参加するため、二泊三日の旅に出た。この集会は、一九九〇年に東京で第一回が開かれ、以後韓国と日本とで相互に開かれている。韓国の民事訴訟法学者や裁判官・弁護士とわが国の学者・実務家とが折々のテーマについて意見交換する絶好のフォーラムとなっている。

こうした試みが、実に四半世紀続いているのである。その間の両国関係は決して平穏な時期ばかりではなかったが、それでも継続しているのは、この集まりが実り豊かなものであることを参加者が実感しているからであろう。私は、二〇一〇年の「第六回日韓民事訴訟法共同研究集会」で、「争点中心審理の現在」を報告したことがある。① その際の経験から、今回もぜひとも参加しようと考えたのである。

司法政策研究院の創設

初日は韓国の司法政策研究院を見学した。司法政策研究院は、大法院(最高裁判所に相当)直属の司法の中長期的なビジョンを研究するシンクタンクである。二〇一四年に議員立法で設立された新しい機関だ。司法研修院(司法研修所に相当)と同じ建物内にあるが、これは司法修習制度を廃止して裁判官研修だけがその役割となる司法研修院の施設の有効利用ということであろう。

司法政策研究院は、大法院の機関でありながら、院長にソウル大学校の胡文赫名誉教授(民事訴訟法学)を起用している。組織は、院長の下に、首席研究委員として判事を置き、研究委員に判事のほか同数の研究者の研究委員を置いており、事務局スタッフを合わせて五〇人規模の所帯である。

どのような研究を行うかといえば、①司法制度、裁判手続に関するもの、②基礎法学・隣接諸科学(法心理学、法と経済学、コミュニケーション学など)に関するもの、③南北統一に備えた司法政策、北朝鮮の司法制度に関するもの、④海外の司法制度、司法の交流に関するもの、⑤一般国民を対象とする法教育に関するもの、といった、まさしく、中長期的な観点からの司法制度・司法政策の体系的・持続的研究機関を目指している。とりわけ、南北統一を見据えた研究(例えば、北朝鮮離脱住民に対する司法的支援についての研究、北朝鮮の身分登録制度に関する研究)は、必須のものであろう。

興味深いのは研究方法であり、判事と研究者とが、チームで行うことを原則としている点だ。学者のオリジナリティある研究成果はもちろん貴重であるが、それはいわば書斎で行う個人プレーの仕事である。司法政策研究院の方法は、個人プレーからチームプレーにシフトし、書斎や実務現場からだけではできない研究を志向するものだ。理論倒れに陥ることなく、実務改善に役立つ研究、英米独仏日露という比較法制を視野に入れた研究の必要性の認識を基礎とした方向はあるべきものであろう。

わが国でも司法研修所に司法制度・司法政策のシンクタンク機能を持たせようというアイデアはあるが、実現していない。もっとも、司法研究員(判事)が実務改善のために研究し、その成果を司法研究報告書として刊行するシステムは八〇年近い歴史を持つ。わが国の司法制度・司法政策研究は、集約的なものではなく、分権的で多様性を持つが、現状がベストかは一つの課題であろう。

司法政策研究院見学でのうれしい驚きは、首席研究委員のキム・ヒョンドゥ判事との二〇年振りの再会であった。キム判事は、日本に留学経験があり、その折に面識を得て、法律雑誌で座談会をしたこともある。[2] 現在の首席研究委員のポストの前は、ソウル高等法院の部長判事であり、次は、地方法院長（地家裁所長に相当）に異動するクラスである。わが国への留学経験が、現在のお仕事に生かされていることは間違いない。旧知の留学判事の方々の現在をお聞きしたところ、多くは高等法院部長判事であるが、退官して弁護士になった方もおられ、感慨を覚えた。

司法におけるICT活用の現状

二日目は研究集会の本番である。今回のテーマは「情報通信技術（ＩＣＴ）の発展と民事手続」と「国際裁判管轄法制」であった。

私は、韓国の電子訴訟法の進展に関心をかき立てられた。電子訴訟は、当事者のオンライン中立てとこれに対する裁判所の受付対応、記録のデジタル化、オンライン送達、当事者と裁判所の期日管理・記録管理の共有、電子記録をモニター・法廷スクリーン上に映し、マルチメディアを活用し、証人尋問調書は録音ファイルで代替えする電子的口頭弁論、電子文書を原本とする判決書などを構成要素とする。ここに電子文書とは、コンピュータなど情報処理能力のある装置によって電子的形態で作成・変換され、送信・受信または保存される情報をいうが、紙媒体訴訟における文書とみなされる（電子訴訟法五条）。電子訴訟化により、当事者は電子記録を二四時間閲覧・ダウンロードが可能となり、裁判所の進行管理・記録管理の質も向上する。

電子訴訟は、二〇一〇年特許事件から施行されたが、その後民事訴訟事件、家事・行政訴訟にも導入し、二〇一五年までに、保全処分、倒産関係、執行・非訴事件にも拡大されている。電子訴訟の利用は、国あるいは地方自治体が当事者の場合には義務的であるが、そのほかは任意である。しかし、電子訴訟を利用すると民事訴訟の提訴手数料を一割軽減する措置を講じて政策的に誘導しており、現在では、特許訴訟では九割を超え、民事訴訟でも六割に達している。

世界銀行の企業環境評価レポートにおいて、韓国は、「契約紛争の解決に向けた司法制度」の項目で、二〇一六年には世界第二位の評価を得ているが、それは電子訴訟化の功績によるところが大きいと受け止められている。

わが国でも、民事訴訟法第一編の第七章に「電子情報処理組織による申立て等」の規定があるが、限定的なものだ。支払督促を例外として、わが国の民事関係手続においてICT利用は立ち遅れている。わが国の一般的なICT技術の先端性と司法部門におけるその利用の後進性の対比は顕著である。

韓国側参加者から、その理由についての質問がされた。一つには、わが国には、司法政策形成上「裁判所は社会の後からついていけばよい」という観念があるからであろう。つまり、行政事務関係の申請手続のICT化に先行する電子訴訟化は構想しにくいという土壌があるのだ。

しかし、知財立国の旗印の下、知財高等裁判所構想が短時日に日の目をみたように、わが国でも同策となれば、スピーディな電子訴訟の導入と実効化は引けをとることはないであろう。(3)

(1) 加藤新太郎「日韓交流レポート」『会社法務A2Z』二〇一〇年六月号、六二頁。
(2) 加藤新太郎〔司会〕「鼎談 韓国の司法事情の現在――法曹養成制度問題を中心として」判タ一〇〇〇号

三五頁(一九九九年)。

(3) わが国においても、民事訴訟のIT化に関し令和四年民事訴訟法改正がされたところである。山本和彦『民事裁判のIT化』(弘文堂、二〇二三年)参照。

12　初めての司法試験合格祝賀会

法科大学院で教鞭《きょうべん》をとって二年目にして、わがゼミから三人の司法試験合格者が誕生した。めでたい。当然のことながら、華々しく加藤ゼミ第一回合格祝賀会を挙行した。

ゼミ生は合格の余韻に浸る一方将来の夢を語り、意気軒昂《いきけんこう》で、愉快な思い出となる一夕を過ごした。

民事事実認定論のゼミ

法曹養成に特化した専門職大学院として発足した法科大学院では、法理論教育の深化、先端的分野の展開、理論と実務の架橋を目指している。私のゼミ(テーマ演習)では、民事事実認定を対象にした。法科大学院生と法律実務家との違いは、事実認定をするかしないかという点にある。そこで、法律実務家として日々実践することになる事実認定(事実の認識の仕方)について、理論とそれに基づく手法の基礎を学ぶことにしたのだ。

民事事実認定論には、アプローチの差異により、証明過程論的事実認定論、構造論的事実認定論、証明論的事実認定論、確率論的事実認定論、裁判心理学的事実認定論などがある。わがゼミは、判例を素材にして、証明論的事実認定論を攻略するものだ。

その意義は、第一に、判例を素材にして読み解くことにより、審判対象となる訴訟物・請求原因・主要事実を押さえることになり、民法など実体法の復習になる。

第二に、証明は刑事訴訟にも同様に要請され、自由心証主義は民事訴訟と同じだが、証明度、違法収集証拠、伝聞証拠などについての考え方は異なる。その限りで、刑事訴訟法を民事訴訟法との比較において学び直すことができる。

第三に、民事事実認定論は、弁論主義原則の下における民事証拠法を基礎とする実践論であるから、民事訴訟法理論の学修を深める契機になる。

第四に、民事事実認定論の実践的性格から、実務科目(民事訴訟実務の基礎)の学修事項で得たものを発展させることになる。

このように「一粒で四度おいしい事実認定ゼミ」を標榜《ひょうぼう》してみた。ところが、他の科目との時間的競合、テーマ演習取得単位の上限のほか、何よりも初年度で無名の加藤ゼミの参加者は多くなく、一桁の人数であった。しかし、参加者は皆熱心で、報告者が判例から問題となる点を抽出し、司会者(学生)の進行で、各自が意見を交換するスタイルとしたが、各回とも大いに盛り上がる活発な展開をみせた。

法科大学院の理念と実際

法科大学院は、司法制度改革の果実(その味については両論)である。わが国が、事前規制・調整型社会から事後監視・救済型社会に統治システムを転換していくためには、司法機能の向上が不可欠であり、その担い手である法曹の大幅増加が要請された。この理路は正しい。しかし、ともすれば、数の増加は質の低下を招きやすい。数を増加させても、質の低下を招かない、むしろ高いレベルの法曹の卵を産み出す制度的保障が、法科大学院であると位置づけられたのである。

一方、旧司法試験の合格者の通弊は、「出題されるところしか勉強していない、体系的知識に欠ける、応用力がない」という点にあった。暗記型学習、過度の正解思考も問題視された。一言でいうと、司法試験に必要なことだけを予備校で要領よく学ぶ効率型学習の弊害が極限に達していたのである。

司法試験は、受験競争の最後のステップであるから、それまでの教育の諸矛盾が集約して現れるが、その必然的な結果でもあった。法科大学院は、この宿弊を打破する切り札でもあったのだ。

しかし、昨日まで、法曹養成のための基礎教育を意識することなく、実際にもしてはこなかった大学・大学院が、明日から、これをしますといっても、それができる保証はない。そこで、法科大学院では、そのための仕組み(実務家教員を加えた教員組織)、教育方法(少人数の双方向・多方向授業)、カリキュラム(法律基本、法律実務基礎、基礎法学・隣接、展開・先端の四科目群)などが用意された。そして、強い動機づけを持った適性のある学生を選抜して教育を開始した。これがうまく作動すれば、法科大学院教育は間違いなく成功するはずであった。

しかし、現実には、学生が旧態依然の授業しかしてもらえないと嘆く法科大学院、教員が学生にその科目の到達目標を示すことのできない法科大学院が散見された。もっとも、その対極には、深みのある法理論教育を実現し、実務との架橋を試み、足腰の強い法曹の卵を着実に育て、産み出している法科大学院がいくつも出現した。

増員と経済情勢とのミスマッチ

法科大学院では、法学部以外の学部出身者や社会人が学び、法学以外の専門を持つ者が、斬新な発想で司法の世界に新しい価値を生み出す可能性をもたらした。しかし、リーガル・サービスのニーズは、時々の経済情勢に大きく依存する。また、インハウス・ローヤーや任期付公務員は格段の増加をみせているが、それ以外の職域拡大のための制度改革は後手に回ってしまった。

こうした法律家増員と経済情勢のミスマッチとタイミングの悪さ、増員の受け皿不足から、若者の法律家志望者(正確には、法科大学院受験者)の減少を招く結果となった。その一方で、予備試験の受験者は増加の一途をたどっているのであるから、問題状況は単純ではない。

リーガル・サービスに対するニーズは、グローバル化、家族構造の変化、少子高齢化などから生じる事象に対応するため間違いなく存在する。また、無料法律相談の盛行や法テラスの実績にみられるように、安価にサービスを享受したいというニーズ対応も不可欠である。福祉としての司法サービスの必要性を正面から認知して、法テラス予算を拡充するなどの方向に進むべきであろう。

法科大学院の教員の覚悟

法科大学院の教員としては、どうしたものか。法科大学院教育の目指すものを再確認し、たゆむことなく実践していくほかないであろう。とりわけ、予備試験合格者との比較において、法科大学院教育を受けた卒業生の質における優位性を確保することは、至上課題である。

司法研修所教官のM判事によると、予備試験合格者は要領こそよいが、知識量や法的思考において法科大学院卒業生よりも劣後する例があるそうだ。だとすれば、①問題発見、②問題分析、③関連情報検索、④事実認定(事実認識)、⑤法解釈・判例法理の認識、⑥論理的思考力、⑦問題解決スキル、⑧説得力、⑨交渉・折衝スキル、⑩正しい法実践において、法科大学院卒業生にはみるべきものがあると評価されるような教育を目標としたい。

祝賀会で美酒を味わいながら、頭の片隅でそんなことを考えた。

13　ヘイリー教授の叙勲

ジョン・O・ヘイリー教授(バンダービルト大学ロースクール)は、アメリカの著名な日本法・比較法学者である。そのヘイリー先生が、永年にわたる研究の功績を称えられ、平成二四年(二〇一二年)春、旭日中綬章を授与された。大変におめでたいことである。その叙勲記念の講演会「日本法及びそのアジアにおける役割──アジア及び欧米の観点から」が早稲田大学で開催された。

ヘイリー先生は、私が判事補時代にワシントン州立大学(UW)ロースクールに客員研究員として派遣された折の受入担当教授だ。UWロースクールは、古くから司法研修所から派遣されるわが国の若手法曹を留学生として受け入れていた。これを、最高裁判所から毎年判事補を一人、丸抱えで留学させるというシステムに切り替えることになった。それが、一九七七年のことで、私は、その第一号として、派遣されたのである。

それ以降、判事補が毎年シアトルで学んでいる。東京地裁で裁判長をしていた折に陪席裁判官であったHさんもUWに留学するという嬉しいエピソードもあった。ヘイリー先生は、この判事補留学システム確立の貢献者である。UWロースクールは、マイクロソフトのビル・ゲイツの父親が卒業している。父親のウィリアム・ヘンリー・ゲイツ・シニア氏は弁護士で、ビル・ゲイツの特許管理を上手くしたことがマイクロソフトの隆盛を導いたことはよく知られている。その縁で、ビル・ゲイツは、UWに建物を寄付したが、それが、ゲイツホールと呼ばれる現在のロースクールの建物である。

収賄とは縁遠い日本の裁判官

ヘイリー先生は、叙勲記念講演会の基調講演「日本における裁判所の法創造の役割――日本の裁判官の共同体的保守主義」をされた。そこでは、わが国の司法において、譲渡担保に関する判例法が形成・規律され、遂には仮登記担保の立法に至ったことを法創造の具体例として挙げ、ルールの一貫性、継続性、共同体のコンセンサスを重視する姿勢から、判例法国であるアメリカ以上に判例に拘束される傾向があると語られた。

その冒頭、ヘイリー先生は、「皆さんは、また私の十八番である『日本の裁判官は、誠実で有能で独立している』という話をすると思われるかもしれません。実際に、私は、どの国に行っても、第二次大戦後、日本の裁判官が収賄した例は一件しかないと述べています。しかし、それが信じられたためしはなく、『ヘイリーは一件しか不祥事を知らない』と思われます」と話して、聴衆を笑わせた。戦後一件あった収賄事件とは、簡易裁判所判事が自己の担当する調停事件の一方の当事者から、調停委員とともに、一人当たり約八〇〇〇円の酒食の提供を受けたというものだ。昭和三二年の出来事で、この簡裁判事は罷免されている。

日本の裁判官が賄賂をとることがないのはまさに常識であり、社会的確信になっている。しかし、国際比較の観点からすると、裁判官の廉潔性を期待することができない国も少なくない。ヘイリー先生の冒頭のジョークは、川島武宜教授が、イリノイ大学のS教授から「日本では、裁判官の何割ぐらいが当事者から賄賂をとっているか」と質問され、「簡裁判事で新聞報道された例が一つあるだけで、それ以外にはない」と答えたところ、「何というナショナリスティックなことを言うのか。およそ学者の言うべき言葉ではない」と面罵されたというエピソード(1)を思い出させる。

論文の翻訳が学問の原点に

私は、ヘイリー先生の講演を聞きながら、先生の論文「裁判嫌いの神話」を翻訳したときのことを懐かしく思い起こしていた。(2)この論文は、わが国における民事訴訟の利用率の低さは、文化的要因によるものではなく、裁判所の過剰負担の結果としての訴訟遅延や弁護士不足、裁判による救済の限界、法律扶助の未発達など機能不全という制度的要因に基づくものであり、わが国の裁判嫌いは神話であることを論証したものだ。

私がUWに在籍していた当時、先生は論文を執筆中で、私が研究室を訪れるたびに、関連する質問をされた。例えば、「日本の弁護士は、一九三四年から一九三八年の四年間に、その数が七〇八二人から四八六六人に激減しているが、それはなぜだろうか」というものだ。これは難問である。私は、そのような統計的事実も初耳で、「戦時体制に移行する時期であったからでしょうか」などとおざなりな理由らしきものをでっち上げるものの、皆目見当もつかなかった。

帰国が近づいてきたある日、ヘイリー先生に、この論文の翻訳をかってでたところ、先生は快諾された。と当時は思っていたが、ヘイリー先生の格からすると、わが国の著名な研究者の誰でも翻訳を引き受けたはずであるのに、無名の判事補に託するのであるから、先生は心中「大丈夫か」と心配されていたかもしれない。

能天気な私は、それに気づかず、無邪気に「掲載誌は、判例時報か、判例タイムズのどちらがいいですか」とお聞きした。先生は、「判例時報・イズ・ベター」と返事をされた。両者の販売部数を知っておられたのであろう。選択肢の中に、ジュリストが入っていれば、「ジュリスト・イズ・ベスト」と言われたかもしれない。当時の私には、判例時報と判例タイムズにしかコネがなかったのである。

ヘイリー先生からは、活字になる前の原稿をいただき、大車輪で翻訳に取り組み、論文刊行後ほどなくして、翻訳をわが国の法律雑誌に掲載した。この翻訳は大変であったが、実に面白く、この翻訳をすることを通じて、学問の力を知り、学問に対する憧れを抱いた。それ以降、裁判実務の傍ら、勉強をしたいと考えて過ごしてきたが、その原点は、ここにあったように思う。

ヘイリー先生は、別の著作『権力なき権威――法と日本のパラドックス』(判例調査会、二〇〇二年)の中で、日本社会の特性として、制度の持続と変更、連帯と衝突、階級性と平等性、協力と競争、共同体への支配と独立・自治の衝動が並存することを指摘し、そのパラドキシカルな特性から、一定の理論枠組みで説明することが困難であり、そのため日本を研究対象とする専門家は、傍流的存在であり続けることを運命づけられているように見えると喝破される。とてもクールである。

旭日中綬章を授与されたのだから、ヘイリー先生が傍流的存在であるはずはない。さらに良いお仕事を続けていただくことをお祈りしたい。

(1) 川島武宜『ある法学者の軌跡』(有斐閣、一九七八年)二六九頁。
(2) ジョン・O・ヘイリー〔加藤新太郎訳〕「裁判嫌いの神話(上)(下)」判時九〇二号一四頁(一九七八年)、九〇七号一一三頁(一九七九年)。

第2章 裁判の一塁として——地裁の裁判

14　契約の解釈

契約書をどのように作成するかは重要である。契約書で使う文言は、一義的に明確で、まぎれなくその意味を了解できることが求められる。さらに、当事者双方が、「この条項の意味は、どのようなものか」を明示的に確認しておけば、後日の争いは半減する。

民事訴訟において、契約条項の意味が争いになった場合には、裁判所が契約の解釈をすることになる。契約の解釈とはどのようなものか、二つのエピソードでみてみよう。

支払期限か、支払条件か

Aさんは、建物建築・設計業者であるB社に自宅および店舗併用の賃貸マンションの設計を依頼した。この建築実施設計図書一式を作成する請負契約書には「代金支払時期」という欄があり、ワープロで「設計完了時」と印字されていた。

設計図書一式を作成する契約であるから、設計するB社側としては、「設計を完了したら代金を払ってほしい」と言うのはもっともである。それに対して、注文主のAさんは、なかなかのタフネゴシエーターで、「建ってはじめて設計図書は意味があるのだから、その代金は建物着工時に払うことにしたい」と粘った。結局、B社が根負けして、建物着工時にした。そのような経緯で、Aさんが印字された「設計完了時」を手書きで「建物着工時」と訂正し、押印して、契約書が調印された。

ところが、Aさんは、設計図書を交付された後に、「資金繰りがつかず、マンションを建てることは止める」とB社に通告した。B社は、「止めるのはそちらの都合もあるでしょうから、やむを得ないとしても、設計費用は払ってください」と懇願した。これに対して、Aさんは、「契約時に、代金支払時期は建物着工時としたではないか。着工しないわけだから、払う必要はない」と言い張り、支払わない。そこで、B社はAさんに対して設計請負代金請求訴訟を提起した。

この訴訟で争点に決着をつけるために必要となるのが、契約の解釈である。「建物着工時」という文言は、建物の建築に着工すれば当然設計代金の支払期限が到来して支払義務が発生すると読める。しかし、Aさんが建物建築しないことに決めた場合には、支払義務が発生しないという結果になってよいのか。B社は設計会社だから、建物の設計をしてその対価を得ることが仕事である。したがって、「設計完了時」を「建物着工時」と変えたときのB社の意思として、建物の建築に着工しなかったら設計代金は支払われなくてもよいと考えていたはずはない。また、Aさんはそう考えていたと主張するかもしれないが、明らかに合理性がない。

そうすると、契約の解釈としては、設計代金支払時期を「建物着工時」とする合意は不確定期限の定めであるとみるのが相当である。これを不確定期限として解釈すると、注文者が建物を建築しない場合であっても、建築工事の着手が社会通念上実現しないことが確定したときには、代金支払いの期限が到来したと考えてよいことになるわけである(東京地判平成一三年一月三一日判タ一〇七一号一九〇頁)。

これと似た話は、出世払いの約束だ。伯父が甥に「君が出世した暁に返してくれ」と言って金を渡した場合に、残念ながら甥は出世しなかったときには返済しないでもよいか。これが出世払いの約束の解釈の問題である。この問題は、「出世する・しないということは条件か不確定期限か」という契約の解釈がベースになり、基本的には、伯父と甥がどのように考え、合意していたかによって決まる。

まず、甥が出世した場合には、お金を返済する約束であることは明らかだ。問題は出世しなかった場合である。その場合には、伯父さんとしてはもう返ってこなくてもいいと考えたかどうかという点がポイントになる。そう考えたのであれば、条件と解釈され、返済の条件である出世が成就しなかったので、返済は不要である。しかし、出世しないことが確実になったときには、その時点で返してほしいと考えており、甥もそう認識していたとすれば、期限と解釈され、返済しなければならない。伯父・甥の関係であれば、条件と解釈することが多いであろうが、個別事情によって、別の解釈の余地はあり得るのである。

Aさんは、タフな交渉をして、一見、自分の言い分が通る条項にしたと思っていたが、リーガルな面から光を当て、契約の解釈を施せば、過度に自分の思惑が通るというわけにはいかないことを教える例である。

消費税率上昇時の差額の負担

建物賃貸借契約の解消時に、消費税の未払い分の有無が争点となったケースがある。

賃貸借期間が消費税率がアップした平成九年四月をまたいでいたため、問題となったのだ。条項は、「消費税は別途加算」とされていた。

この条項からは消費税を賃料に含めないという趣旨を読み取ることができるが、消費税率の変更(税率の上昇)があった場合に、賃貸人と賃借人とがどのように負担することになるかは、一義的に読み取ることはできない。論理的には、①賃借人が負担する、②賃貸人が負担する、③両者が分担するという三つの類型が想定されるが、文言上は、いずれであるかは不明である。

賃貸人は、この条項は消費税率が上昇する場合には差額分の増額を請求する意思が表示されたものだと主張した。これに対して、賃借人は、この条項は消費税を賃料に含めないという意味しかもたず、消費税率の変更に対応して自動的に賃料改定がされる趣旨ではないと反論した。

これだけでは、水掛け論の域を出ない。そこで、裁判官としては、関連する事実に目を移した。そうすると、本件では、消費税率が上昇した平成九年四月ころに、賃貸人が賃借人に、消費税差額分を増額する旨の意思表示をした事実はない。さらに、それ以降、一度も消費税差額分を請求することも交渉することもしていない。これは、賃貸人の主張の正当性を大きく減殺する事実である。

そこで、裁判官は、「消費税は別途加算」という文言からは消費税率の上昇があった場合の取扱いについて一義的に読み取ることはできないが、賃貸人が賃借人に対し、消費税差額分を増額する旨の意思表示をしたことがなく、消費税差額分を請求したこともないことを勘案すると、この賃貸借契約は、消費税率の変更に対応して自動的に賃料改定がされるものではないと解釈した。そのように解釈することが当事者の意思に合致するとみたのである。

15　取締役はつらいよ

自営業者は別として、会社勤めの社会人であれば、大多数は、取締役を目指して頑張るという健気な心がけを持っていると思う。弘兼憲史が描く課長島耕作も、初芝電器産業株式会社の部長、取締役、常務、専務とドラマティックに出世していった（『週刊モーニング』講談社）。島が遂に社長に就任した二〇〇八年四月には、読売新聞など全国紙に「新社長に島氏」という記事が出たほどである。

Aさんも、中堅食品メーカーB社に永年勤続し、執行役員を経て、晴れて株主総会で取締役に選任された。Aさんは、これまでの苦労が報われたと感じ、B社の役員服務管理規程に定める六三歳までは安泰であると喜んだ。ところが、案に相違して、一期二年で任期満了により、六三歳まで一年半残して、退任とされた。

Aさんは、釈然としない。というよりも、理不尽であると立腹した。思えば、代表取締役社長のCが元凶である。自分は、執行役員時代も含めて、C社長からさまざまな不当な仕打ちを受け、遂に邪悪な画策によって取締役候補者から外されたのだ。何とか一矢報いたい。そこで、弁護士に依頼し、B社とC社長に対し、不法行為に基づく損害賠償として、逸失利益及び慰謝料合計二五〇〇万円余を請求する訴訟を提起した。

社長からの「不当な仕打ち」？

CがAにした不当な仕打ちとは、執行役員の折には、①子会社の任意整理に関与した際にAに責任を転嫁した、②取引先倒産について貸倒れの責任を転嫁した、③株式上場のための仕事をしているAに冷淡な態度を示した、④機関投資家に対する説明を押し付けた、⑤株式公開後の決算説明をうまくこなしたことを嫉妬された、というものである。また、取締役就任後の不当な仕打ちとは、⑥株主との懇談でAの総会での処置が称賛されると、不愉快な態度を示した、⑦Aの報酬だけ月一定額を下げ、賞与に振り替えた、⑧上海の子会社に出張すると、遊びにでも行きたいのかと言った、⑨国内出張時に同行した女子社員といちゃついていた旨の事実無根の噂を流した、⑩某社との資本提携について詳細な理由を述べて反対したが、これを無視した、というものである。これらは、個々には不法行為にならないとしても、全体として一連の不当な仕打ちとして代表取締役の権限を著しく逸脱した違法なもので、不法行為を構成するというのが、Aの主張である。

Aの主張の、もう一つの柱は、Cは、B社の代表取締役として役員服務管理規程を遵守する義務を負うところ、取締役の再任に当たり、同規程と慣行に従って、在任する取締役を公平に扱うべき義務があったのにもかかわらず、これを怠り、恣意的な感情によって、正当な理由なくAの再任を拒否し、代表取締役の権限を濫用しまたは裁量権を逸脱して、善管注意義務に違反したというものである。

司法はどのように判断すべきか

このようなAの主張に対して、どのような司法判断を下すべきか。かりそめにも、Aは上場企業の取締役にまで栄進したのであるから、ビジネスマンとしては成功者であり、それなりの能力と相応の実績があったはずである。そうすると、Aの主張にも、一定の敬意が払われて然るべきであろう。

そこで、Aの受けた仕打ちをみてみると、その中には、事実が証明できるか不明なもの⑨もあるが、その他のものは、仮にそうしたことがあっても、オフィス・ワーカーとして日常茶飯事とはいえないまでも、別に珍しいことではない。一般論として、上司の嫌がらせはパワー・ハラスメントに当たり得るが、Aの役職を考えると、主張している事由では違法というには無理があろう。誠にストレスフルなことではあるが、こうした日常に耐えて、しかし明るく前向きに勤務でき実績を上げる人が偉くなっていくのではないか。

執行役員時代に①から⑤のような仕打ちを受けたとしても、Aは取締役に登用されているのであるから、決して冷や飯食いではない。Aの訴訟代理人としては、Cの不当な仕打ちによる不法行為という構成を再考するか、少なくとも、取締役就任後のものに限定すべきであった。ただ、個々的にみて不法行為に当たらないものは、一連のものとして全体的にみても、不法行為に当たると評価することはかなり困難であろう。

慣行か、慣習か

それでは、次に、役員服務管理規程の六三歳定年の定めとの関係をどのように考えるか。B社の規程を読むと、従業員から常勤取締役になった者について、正当な理由がない限り、定年に達するまで取締役会において取締役再任候補者として推薦する旨の明示の定めはない。そうすると、Cには規程遵守義務違反はない。

そこでAは、B社内部には、従業員から常勤取締役になった者について、職務能力が欠ける等の正当な理由がない限り、定年までその地位を保障するという慣行があったと主張した。しかし、従業員から常勤取締役になった者に、定年までその地位にある者が多かったからといって、その事実から直ちに規範は生まれない。つまり事実上の慣行では足りず、事実たる慣習になっていることが必要である。慣習の域に達していれば、定年までの取締役の地位保障の期待は、法的に保護されるものとなる。

もっとも、実際問題として、ある事柄が事実たる慣習にまでなっていると認めることは難しいことが多い。ただ、閉鎖的同族会社であれば、そのあたりは融通をきかせた解釈をしてもよいケースもあるかもしれない。しかし、B社は紛れもない上場企業であり、多数のステークホルダーが存在する。

そもそも、上場企業について、Aが主張するような取締役の地位の保障が認められるべきであろうか。この点については、会社法が取締役に任期を設け、株主総会において定期的に取締役の適格性を審査すると定めている趣旨とは整合せず、合理性があるとは解されないであろう。いずこの企業も、厳しい経済情勢の中で、同業他社とグローバルな競争を必死に展開している現実をみると、どこにも安直な保障はないと心得るべきではなかろうか。

Aさんの主観においては、C社長は自分の能力・実績を正当に評価せず、一期で取締役退任という嫌がらせをした。しかし、C社長は、Aさんを執行役員から取締役に登用している。客観的かつ全体としてみれば、このご時世の下、退職慰労金まで手にしたAさんは、まずは相応に評価され成功した職業生活であったと得心すべきであろう。Aさんの訴えは、一審でも、控訴審でも棄却された。

16　狡猾な企みとの対決

世の中には、強引に事を進めて既成事実を作ってしまえば、上手く立ち回ることができると考える人がいる。いくら嘘を重ねても、露見しなければ儲けものという処世をモットーにしている小狡い人もいる。しかし、司法は、不正な利得を得て、ほくそ笑む小悪人たちのビジネスを許さない。

強引な賃借権譲渡の目論見

Yは親の代からXから借地をし、木造建物をトランクルームとして使っていたが、甲市の認知症対応型生活介護事業所整備補助金を得て、グループホームを開設しようと考えた。そこで、裁判所に増改築許可申立てをした。しかし、グループホームの運営事業は法人でなければならず、Yは支配下に置いた有限会社Zを事業主体とすることを目論んだが、そのためには賃借権譲渡の承諾をXから得ることが必要であった。

Yは、この企みをXに隠し、増改築許可申立事件の審問期日には、賃借権譲渡の予定はないと裁判所に嘘をついた。増改築許可がされると、Yは直ちにZ社名義で建築確認を得て、建物建築に着工、完成させた。さらに、甲市には、Xの賃借権譲渡同意書面、X・Z間の賃貸借契約書を偽造して提出し、うまうまと補助金をせしめた。その後に初めて、YはXに対し、賃借権の名義変更を求めたが、あまりのことにXはこれを拒んだ。そして、Xは賃借権の無断譲渡を理由に賃貸借契約を解除し、Y

とZ社に対し、建物収去と土地明渡しを請求した。

Yは、信頼関係は破壊されておらず、賃貸借契約の解除は無効であるとして争った。しかし、Yの一連の行為はXの意向をまったく無視し、自己の都合のみを優先し、契約書等の偽造までして既成事実を作ろうとしたのであるから、信頼関係は根底から破壊されている。とりわけ、書類を偽造して補助金を得たことは、詐欺罪として刑事事件に発展する可能性すらある。

裁判所は、Xの請求を認容した。Yはグループホームを閉鎖し、新築建物の収去を余儀なくされた。甲市からは事業所指定を取り消され、補助金の返還も求められた。自業自得ではあるが、Yには、建築資金を借り入れた際の多額のローンだけが残ったのである。

不自然な養子縁組

子のない高齢の男性A(預貯金三〇〇〇万円、自宅土地建物所有)が介護を受けていた業者B(女性)と養子縁組をした。そして、Bは夫とともに、Aの自宅に入り込み、Aの自宅を改装し、Aの介護が楽になる構造にするとともに、夫の仕事に都合のよい仕様にした。費用は、もちろんAの預貯金から支出されている。Bは養子としてAを介護する身分となったからという言い分であるが、自宅にAを囲い込んで他から文句を言わせないという図であり、いかにも胡散臭い。

しかし、Aには、妹や甥・姪などの親戚がいて、決して疎遠な仲ではなかった。A宅の改装とBらの同居から、養子縁組に気づき驚いた親戚らが相談し、Aの甥CがAと養子縁組をした。すると、介護業者のBはその養子縁組は無効であるという確認請求訴訟を提起した。請求原因は、AにはCとの養子縁組当時、意思能力はないというものであった。

Bは自分とAとの養子縁組の時点では意思能力はあったとしながら、Cとの養子縁組時には意思能力を失っていたというのであるから、虫のよい話である。しかし、老人は時間の経過により老いていくものであるから、論理的には通る可能性がある。

甥も介護業者につき養子縁組無効確認訴訟を提起して対抗した。甥は、どのような主張をしていくべきか。それには、介護事業者と被介護者との間の養子縁組の意味合いを考えてみることが必要となる。

介護事業者と被介護者とが養子縁組をするのは、もともとの関係性から極めて不自然である。そこには、養子となる介護事業者に、何らかの意図、利得目的があると推認することができる。養子の側に利得目的があってはいけないかといえば、一般的には、養親が納得していれば、問題視されることはない。

確かに、天涯孤独の高齢者であれば、親身でよく尽くしてくれる介護事業者を気に入り、養子にしたいと考えることはあり得るし、それは自由である。高齢者が資産家であって、養子になる介護事業者にとって濡れ手に粟、棚からボタ餅の遺産を得たとしても、それを不当ということはできない。しかし、それにしても、介護事業者が被介護者の養子になることを当然に有効視するのは抵抗があるというのは、介護事業者の対価の確保は、財産上の契約で保護されるのが原則であり、それに身分上の契約である養子縁組が利用されているような違和感があるからだ。

介護事業者と被介護者との間の養子縁組は、おそらく業務上の関係を利用して不当な対価・利益獲得を意図しているケースが少なくないであろう。また、養子縁組後は、介護事業者としての介護とはいえないのに、なお介護保険からの給付金を受けているとすれば、違法な介護保険給付ではないかとの疑いもある。

このようにみると、介護事業者と被介護者との間の養子縁組は、類型的に公序良俗に反する要素が大きい。また、介護事業者の職業倫理の観点からも、見逃すことのできない問題がある。これを規律する介護事業者の業界団体のルールはあるのかどうか。

その養子縁組の個別事情によっても、その評価は変わってくる。例えば、縁組のいきさつとして、高齢の養親から介護事業者が是非にと乞われた場合には、公序良俗違反性は薄くなる。もっとも、認知症とまではいえないものの幼児化した高齢者に働きかけ、そのようにもっていくことは、札付きの介護事業者の手練手管をもってすれば容易なことかもしれない。この点は、慎重に事実認定することが求められよう。

また、養子縁組を周囲にことさらに秘匿していなかったかどうかなど養子縁組時の公明正大性、養子縁組後の生活の実際や介護の態様、生活費の負担状況のほか、養親が亡くなった後の祭祀をどのような形で行っていくつもりかなどは、公序良俗違反性の判断における考慮要素となる。生活費には養親の預貯金等を使い放題で充て、養子は一銭も負担しないというのは問題であるし、格別の必要もないのに養親の所有不動産を売却し始めたというのも同様である。

不相当な手段で不正に利益を得ようとする小悪人の企みを放置してはならない。司法は、これと対決するための砦でありたい。

17　三宅判事の悩み

証人や本人がある事実を法廷で証言・供述するまでには、認定の対象となる事実を認識し、記憶し、表現するという過程がある。理想的な証言・供述は、「事象を的確に観察して誤りなく知覚し、正確に記憶しておき、その事項に関する尋問に対して、記憶を再生して適切な言葉を選んで表現するというもの」だ。しかし、通常人にはこれがなかなか難しい。

それは、なぜか。第一に、観察の正確さについては、元来注意深いかどうか、物事のよくわかる者かどうかなど個人差がある。観察をした際の注意の度合い、興味・関心の有無などにも左右される。同じ状態が長く続くと現状は知覚されにくく、時期的な混同が生じやすい。例えば、その場所をよく通る交通事故の目撃者が、いつもその信号は点滅しているので、その事故の時にも点滅していたと思い込むことなどは、これである。第二に、人間は、物事を忘れてしまうことを避けられない。部分的に忘却したり、他の機会の記憶が混入する。時間の経過につれて、ある事実のみが強調された形で記憶が変容することもある。第三に、表現に関しては、言葉の選び方の適否、表現した言葉のニュアンス、語彙の多寡からくる表現の単純化・一面化などの問題がある。

このことは、ニュートラルな立場で善意かつ正直に質問に答えようとする証人でも同様である。

身をもって知る、証人の重責

【エピソード1】　A裁判官は、外務省に出向して外務事務官として勤務していたときに、ある行政処分について上司から意見を尋ねられたことがあった。その後、関連する訴訟が提起され、証人として申請された。行政処分がされてから一五、六年後のことでもあり、関係者数人のうち、一部は死亡し、一部は海外にいて、問題となる事項を知っているのは、A裁判官だけということから、証人申請がされたのである。

A裁判官が尋問事項書をもとに、記憶をたどってみると、自分がその件に関与したこと、関係者の名前、そのとき尋ねられた事項は、まだ記憶が残っている。しかし、さて、自分がどのような意見を述べたか、どのように処置されたかについては、責任をもってはっきり答えるほどの記憶がない。どうしても思い出せない。

A裁判官は、自分の証人としての答えが裁判所の判断に重要な影響を与えることを考えて当惑した。もし、証人として法廷に出た場合、事件の関係について正確なことを答えた後で、「自分自身がかつて述べた意見を十分記憶していない」と供述すれば、担当裁判官は、「どうしてそれが言えないのか」と怪しむであろう。しかし、自分の記憶は、その点について、実際に、曖昧模糊としているのである。

A裁判官は、悩んだ。

【エピソード2】　B裁判官は、親戚の相続関係事件(相続人廃除事件)で証人になった経験がある。事件そのものに争いはなく、問う方も答える方も安心して問答できるはずのものであった。しかし、それにもかかわらず、B裁判官は、質問に答えるときに相当の緊張を覚えたし、予期しない質問に心中慌てることもあった。陪席裁判官が側面から自分を凝視しているのを感じると、どこかに間違いがあったのではないかと不安を覚えることも体験したのである。

この二つのエピソードに登場する裁判官A、Bは、実は同一人物であり、誰あろう、三宅正太郎判事(一八八七年〜一九四九年)その人である。三宅判事は、一九四四年、大審院部長として翼賛選挙の演説により不敬罪で起訴された尾崎行雄に無罪判決をしたことで知られているが、何よりも、名著『裁判の書』(一九四二年)で洛陽の紙価を高めた。

いずれのエピソードも『裁判の書』の「人証」というエッセイの中で披露されている。三宅判事は、【エピソード1】の経験から、「一般の証人が無理な質問に内心いかに当惑しているかを考えざるをえない」と述べる。さらに、【エピソード2】の経験から、「我々の如きそのことに常に接している者にして左様であるから、初めて法廷に立った証人たちが、十分に答えられないのはあたり前の話で、むしろその方が正直に証言をしているわけであり、もし澱みなき証言をするとすれば一応その真偽を疑っていいと思う」との教訓を引き出される。

戦前の実務は、現在のドイツ民事訴訟法と同じく弁護士と証人予定者の接触が禁じられていたから、当事者の調査義務(民訴規則八五条)が定められ、訴訟代理人が証人予定者と面接・打ち合わせをして証人尋問に臨む(その前に、証人予定者が陳述書を提出していることもある)現行の実務とは異なっている。したがって、後者の教訓(澱みなき証言は疑うべし、十分に答えられないのは正直)は、現在では、一般化することはできないであろう。

人証の信用性判断は裁判官終生の課題

ところで、民事訴訟における人証には、①利害関係がなく、ニュートラルな立場で善意かつ正直に質問に答えようとする証人、②党派的な証人、③当事者本人がある。

中立的証人(予定者)であっても、二つのエピソードのようなことがあるわけである。

これに対して党派的な証人は、実際には少なくない。むしろ、それが主流である。また、本来は党派的ではない証人でも、証人尋問は、紛争が顕在化し、訴えが提起された後に法廷で行われるため、紛争に利害関係を有する者などの影響(汚染)により虚偽の証言がされる可能性も否定できない。書証が基本的には紛争が生じる前に存在していて、その内容を変えることができないのと対照的である。

また、当事者本人尋問の場合には、利害関係のない第三者の証言と比べて、供述に意図的な虚偽が混じる可能性があり、また、自己に不利な事実を隠す危険性も高い。思い込みも避けられない。さらに、意図的に虚偽の供述をしないまでも、意識せずして自分の行為を正当化する傾向があり、真実とはニュアンスが微妙に異なる供述の入り込むことも稀でない。

人証には、このような特色があるため、その信用性を評価・判断するには、慎重に吟味・検討することが必要・不可欠である。

それでは、裁判官は、証言や本人尋問の結果を、どのように評価して、事実認定をしていくのか。

さしあたりの解答は、「他の証拠や動かし難い事実との関連、経験則や弁論の全趣旨に照らして真偽を判定する」というものだ。その実践は、裁判官人生の終生の課題である。

18 言い分の変遷はご法度

民事訴訟は、契約型訴訟と事故型訴訟に大別されるが、契約型訴訟は書面が残されているのに対し、事故型訴訟には、それはない。事故の目撃者がいれば、ある程度客観的な観点からの証拠が得られるし、怪我をして医療機関で治療を受ければ、客観的証拠となる。しかし、事故型訴訟の構図は、基本的に、加害者と被害者それぞれの供述が最良証拠である。

したがって、弁護士が事故型訴訟の当事者の訴訟代理をする場合には、事情聴取の当初から、しっかりと事実関係を押さえておくことが必要となる。一番避けなければならないのは、言っていることが変わることである。当初は自分に有利な甲と言っていたので、それで主張を組み立て準備書面を作成し、陳述書もその線で作成したのに、いざ尋問に臨むと「実は乙だった」と言いだすのでは勝訴はおぼつかない。

飲み会での怪我、曖昧な記憶と供述

化粧品会社Y社の有志は、忘年会の三次会で、カラオケに出かけた。忘年会出席者は四三人、二次会は約二〇人、三次会には約一〇人が参加した。Xは、三次会まで参加したが、その会場で、A課長と接触して(その態様には争いがある)、怪我をした。

Xは複数の医院を受診し、外科医院では頭部・顔面打撲等があり、約一週間の経過観察が必要との

診断がされ、歯科医院では、上顎と下顎の歯に欠損があると診断された。したがって、Xが受傷したことには裏付けがある。ただ、Aは、かなり酔っていて、受傷の経緯についての記憶はあいまいである。

Xは、気まずかったのか事件後会社に出勤せず、解雇された。その後、Xは、Y社とA課長に対し、不法行為及び使用者責任を理由として、損害賠償を請求した。

Xは、Aから頭を押さえつけられて膝で顔面を蹴られて受傷したと主張した。この態様であれば、Aが意図的にした行為になる。

これに対して、Y・Aは、この出来事の状況は次のとおりであったと認否・反論した。

Aがカラオケで歌い始めると、泥酔したXが、じゃれつくような仕草でAの腰のあたりにタックルしたり、足を蹴ったりして絡んできた。そこで、歌い終わった後、AがふざけてXを蹴り返すまねをしようとしたところ、頭を下げて低い姿勢になっていたXの下顎付近に膝が当たった。

このように、外形的な事実として、「Aの膝がXの顔面に当たった」ことは当事者間に争いはない。争点は、「Aの膝がXの顔面に当たったのはどのような状況においてか」というものであった。その状況は、「①AがXに膝蹴りをしたのか、②XがAの膝にぶつかってきたのか」いずれかである。①であれば、互いに酔余のこととはいえ、Aの行為は故意か、少なくとも過失による不法行為を構成する。これに対し、②であれば、自傷行為ということになり、Aの責任が生じる余地はない。

Xは、原告本人尋問において、「Aから顔面を膝で蹴られ、頭部・顔面打撲傷、歯の欠損の被害を受けた」旨の供述をした。外科、歯科各医師の診断書があるから、後段は、書証との間に矛盾はない。

しかし、Xは、どうしてそのようなことになったのかについて、記憶がなく説得的な状況説明ができなかった。つまり、供述内容の流れは必ずしも自然とはいえず、首尾一貫しているともいいがたい。

Aは、被告本人尋問において、「Xがじゃれつくように絡んできていて、歌い終わった後もタックルしようと向かってきたので、自分をガードするために足を上げたところ、足の膝の部分がXの顔面下顎付近に当たった」旨の供述をした。

しかし、準備書面において、Aは「ふざけてXを蹴り返すまねをしようとしたところ、頭を下げて低い姿勢になっていたXの下顎付近に膝が当たった」と反論していた。すなわち、「ふざけてXを蹴り返すまねをしようとした」行為が、本人尋問では「自分をガードするために足を上げた」に変わっている。これならば、自分を防衛する行為ということになり、Xが受傷したとしても違法性を欠くという含意がある。

Aの陳述書をみると、そこでは「Xがじゃれつくような感じで腰の辺りにタックルしたり、ふくらはぎの辺りを蹴ったりしてきました。Xは結構強い力で蹴ってきたので、私はカラオケを歌いながら『いてて』などと言って冗談交じりに対応していました。カラオケを歌い終わったとき、振り返りざまに後ろにいたXを蹴り返すまねをしようとしたところ、ちょうど私にタックルしようとしていたのか頭を下げて低い姿勢になって向かってきたXの下顎に、私の膝の辺りが当たってしまいました」とされている。この内容は、準備書面における反論と同旨である。

Aの本人尋問の結果は、弁論の全趣旨に照らし問題がありそうである。少なくとも、自分の作成した陳述書の記載とは整合的ではないと評価されよう。そうすると、Aの「自分をガードするために足を上げた」という供述の信用性は乏しいといわざるを得ない。

合理的理由のない言い分の変遷は命取り

Aの言い分が変遷したのは、自己の行為を正当化したいと考え、意図的にその旨の供述をしたのか、無意識に記憶を自己に有利にさせたのか明らかではないが、いずれかであろう。したがって、Aの行為は、「自分をガードするために足を上げた」という認定はできない。

それでは、Aが準備書面で主張していた「Xを蹴り返すまねをした」ところ膝に当たってきたという事実を認定してよいものか。それとも、Xの主張する膝で蹴ったというAの故意・過失を認定するのが相当か。Aの故意による膝蹴りとみるのは無理だとしても、責任逃れを図ろうとしているAの言い分全体を信用できないと評価して、過失を認めることはあり得る。さて、どうしたものか。

こうした場合には、目撃証人がいると一気に形勢の決着をつけることができる。しかし、この場に同席していたBは、肝心の出来事を見ていない。ただ、証人尋問で、「顎と膝がぶつかった後にXが暴れ始めたので押さえて一緒に倒れた。Xの下顎部以外の傷はこのときにできたものだ」と証言した。これは、信用できそうである。

そうすると、全体の流れとして、XはAの膝に当たってきたものと認定してよさそうだ。結果として、Aは責任を免れることになったが、危ういところであった。

言い分の合理的理由のない変遷はご法度なのである。

19 判決書の付言

原告の請求が法的には理由がなく棄却するほかない場合でも、裁判所の見方を示しておきたいと思うことがある。多くの場合、判決書には余計なことであるからと自制する。しかし、事案の内容と経緯に鑑みて、あえて付言することもある。

繰り返す紛争に終止符を

そのケースは、マンション管理組合と区分所有者の一部とがたびたび民事訴訟を繰り返してきた経過があった。今回は、このマンションにある屋内プールの使用制限に係る規約改正をめぐる管理組合総会決議の効力を問題とする訴訟であった。

裁判官は、争いの背景には、管理会社の見逃せない不手際と抜きがたい保身があると考え、判決書で、補論として、次のように付言した。

「本件は、マンションの資産価値を維持するという共通の目的を持っているはずの関係者らが相争う、誠に残念な事件である。当裁判所は、この争いの背景にあるものを直視し、建設的に対応することにより、この問題を抜本的に解決することができるものと考えるので、あえて付言する。

第一に、関係者(区分所有者及び管理組合)は、管理規約等を正しく理解し、それに基づく対応をすることが求められる。プールの使用制限をするためには、管理組合総会の特別決議が必要であるが、逆に言えば、それさえすれば足りるのである。

第二に、プールの使用制限は、一般的にみれば、マンションの資産価値の低下を招く要因になるものである。したがって、プールの使用制限をするための特別決議を求めて総会議案に上程する場合には、議決権を行使する者がこの点を十分認識し、当面の管理費負担との兼ね合いを考慮したうえで、いずれを選択するか合理的に意思決定できるようなデータが用意されることが必要であろう。

第三に、本件のような事態に至ったことについて、関係者は、管理会社に然るべき説明を求めてよいであろう。管理会社は、本件管理規約等の理解につき欠けるところがあったのか否か、理事会に対する助言において不手際ないし不十分な点があったのか否かなど、区分所有者及び管理組合に対し、誠実に説明することが契約上の債務として求められる。

当裁判所としては、本判決を契機として、関係者は、一体となって、以上のような建設的対応をすることにより、際限のない紛争に終止符を打つことを切に期待する」。

この付言を読めば、心ある関係者、管理会社は、これまでの助言の適否、今後の関係を考え直そうということになるはずである。

恩讐を超えた和解の勧め

次のケースは、弁護過誤訴訟である。Xは、看護師として懸命に働き蓄えてきた財産をAに「介護施設を建て入居させる」とだまし取られてしまった。Xは、被害回復を図ろうと考えて、弁護士であるYに事件処理を依頼した。しかし、Yは、Aからその一部しか取り戻すことができなかった。そこで、当初、Xが本人訴訟でYに対し弁護士報酬等の返還を求め、その後、甲弁護士が受任し、Xの希望に添う形で損害賠償請求を追加した。

詐欺被害にあったXが、弁護士に依頼したのに十分な被害回復がされないことに不満を持つことは理解できる。弁護士は、法律専門職として、依頼者の意向、手持ちの資料のほか、相手方の出方、補足することのできる財産その他を総合して、的確に見通し方針を決定して、高度な専門的知識を駆使して活動をしていく。このように弁護士には最適な法的措置を選択すべき注意義務があるが、このケースでは、Yに法的責任を問われるべき過失はなかった。民事訴訟制度は、訴訟関係者皆が一所懸命事に当たっても、残念ながら必ずしも万全の結果が得られないこともあるのである。

もっとも、Yは、Xに適時適切に状況説明をして、依頼者の要望と得られる見込みとのギャップを埋めることや、弁護士報酬や費用について誤解が生じないよう、契約書を作成して一義的に明確にするなど配慮していれば、こうした展開にはならなかったであろう。

甲弁護士の訴訟活動は、献身的なものであり、Yの訴訟代理人である乙弁護士との議論の応酬、裁判所の釈明に対する応答と主張の整理など、全般にわたり極めて適切であった。Y側も、この種の訴訟対応として、当事者の人格非難に及ぶことも少なくないが、乙弁護士は、節度ある抑制的な訴訟活動を展開した。このことは、弁護士不信に陥っていたXにとって大きな意味があったと思われる。

Yは、Xの主張に対抗したが、これは、弁護士としての名誉を守るためにやむを得ないものであった。そもそも、弁護士として豊富な経験も実績もあるYとしては、依頼者であるXからのクレームそれ自体が不本意であったと考えられる。Y自身も、本人尋問において、「紛議調停、民事調停などで解決すれば良かった」旨率直に述べていて、訴訟に至らずに、Xのクレームを収束させることもあり得た可能性を語った。

ところが、このケースでは、Xの不満の表明に行き過ぎの面があり、Yを含む関係者の当惑を招き、Xの真意が伝わらない原因となっていた。Xには無理からぬ行動だとしても、周囲にどのように受け取られるかも冷静に考え、対処すべきであった。

裁判官は、このように考えて、付言を次のように締めくくった(東京地判平成一二年一二月二六日判タ一〇六九号二八六頁)。

「そこで、当裁判所としては、本件について、当事者双方の事案理解が深まったことを契機として、Yに法的責任はないこと、Xが失った財産の少なからぬ部分が未回収であるという気の毒な状況にあることを前提に、恩讐を超えて、本判決後に和解することを勧めたい」。

この案件は、控訴後に、訴訟上の和解が成立した。

付言を川柳に

最後のケースは、古刹のある地方都市の駅前開発をめぐる住民訴訟の控訴事件である。

裁判官は、この判決書の末尾に、次のように述べた。

「当裁判所は、公金支出の違法性は、法的観点からみて消極に解するほかないが、控訴人の駅ビル高層化についての意見そのものは、政策形成過程において相応の意義を有するものであったと受け止めていることを付言しておく」。

控訴人は、上告したが、上告理由書の中で、この件《くだり》に触れ、川柳を詠んだ。

「思い遣り見せて司法に涙あり」

20　もてた話

イッセー尾形の一人芝居「都市生活カタログ」シリーズに「もてた話」がある。サラリーマンが、職場の女性を飲みに誘ったら、よい雰囲気になったので、そのお礼にプレゼントしたいが何がよいだろうかと同僚に相談するという内容である。相談にかこつけてもてた自慢をしているのであるが、果たして「もてた」といえるか自信がない主人公に、観客は自分の姿を重ねて笑うほかないのだ。「もてた話」は、勘違い親父のありふれた哀歓をしみじみ感じさせる、イッセー尾形一人芝居の名作である。

しかし、サラリーマン上司の勘違いした言動は、実際には、はなはだ迷惑である。

素敵な上司とのデート？

由美(仮名)は、離婚歴ある三〇代後半の独身女性で、片山(仮名)は、五〇代前半の既婚男性である。由美は、情報処理会社A社に派遣社員として、片山は正社員として勤務していて知り合い、二人とも退職したが、その後もメールで連絡を取り合うことがあった。片山は、ソフトウェア開発会社B社に転職し、事業推進室長となった後に、別の会社で派遣社員をしていた由美に社員採用情報を伝え、片山の尽力で同じ部署の総合職として採用された。

由美は、上司となった片山と二人体制でマーケティング業務を担当した。ところが、由美は、その後三か月も経たないうちに心身の不調を理由に出社しなくなり、休職期間満了により退職した。

その後、由美は、B社を休職期間満了による退職扱いとなったのは、片山からセクシュアル・ハラスメント(セクハラ)を受け、これにより職場環境が悪化し、心身の不調を来たし出社が困難となったのが原因で、これは、性的自由、人格権、良好な環境で働く権利及び利益の侵害であると主張して、片山に対し、不法行為に基づき、慰謝料等の損害賠償を求めた。

片山は、由美に、就職祝いだと六本木のイタリアンレストランに誘ったのをはじめとして、在職中二〇回以上にわたり二人だけで飲食をしている。その間に、抱擁するなど身体的接触もしたが、その以上の関係には至っていない。しかし、由美は、このことを苦にして心身の具合を悪くしてしまったという。

由美は、片山が、職務上の優越的な地位・立場を利用し、由美の意に反することを認識しながら継続的なセクハラ行為を行ったと主張したのである。

これに対して、片山は、セクハラ行為はしていない、身体的接触は恋愛関係またはそれに類する親密な関係に基づくものであったと反論した。その後、仕事上の意見の相違から次第に気持ちが離れ、関係が破綻したにすぎない。また、由美の体調不良は、母親の病気の看病疲れによるものだともいう。

セクハラの類型と実際

片山の「もてた話」をそのとおりに信用すれば、由美の請求は棄却されるが、どのように考えたらよいものか。このケースを判定するためには、セクハラについての近時の議論や関連先例を押さえておくことが必要になる。

セクハラは、性的嫌がらせとも訳されるが、他者の意に反する形でこれに向けて性的な言動を行うものだ。職場でのセクハラには、他者の反応次第で経済的・精神的な不利益を課す「対価型」、具体的な不利益こそ課さないが不快感などを醸すことにより職場の雰囲気を悪くする「環境型」がある。どちらも、被害者の性的自由や人格的利益の侵害など法益侵害の発生を認識しつつ、または認識できたのにそれを怠り、相手に不快な行為をすれば不法行為を構成する。

さらに、セクハラは、「単発型」、「継続型」に分けられる。単発型は、特定の行為の存否が争われ、その意味では、事故型不法行為と同じである。これに対して、継続型は、個別の事実を分断して理解するのではなく、全体的・総合的評価が必要となる。

例えば、大学教授が、部下の女性職員に「二人きりで話したいので、高級ホテルを予約するつもりでしたが、満室でしたので、ラブホテルを利用するほかないと考えています。お金を惜しんでいるのでなく、最後は高級ホテルの最上階ラウンジでゆっくりしましょう。嫌なら嫌で構いませんが、できれば了解してください」というメールを送ったケースがある。教授は、「嫌なら嫌で構いません」と相手方の自由意思を尊重しているからセクハラに当たらないと主張したが、これは完全にアウトである。

別のケースでは、外国出張先のホテルの部屋で、メーカー会社国際営業部長と部下の女性がワインを飲んでいた際に、部長が女性を横抱きにしたが、抗議されて止め謝罪した。部長は細身の女性の体重を量ろうとしたと弁解したが、下心は歴然としている。女性は、その場でも帰国直後も問題にせず、

「出張は充実していて、楽しかった」というメールを送っている。ところが、その後仕事上の注意を受けた時期に、女性は社内のセクハラ相談窓口にこの一件を届け出て、部長は降格処分され、自分も部署を異動させてもらった。

女性は退職後、上司と会社に対して、このセクハラに基づく損害賠償請求をした。会社側は、セクハラであることは認めたが、程度が軽微であり、宥恕されていると反論した。これはなかなか微妙であり、一審判決は、反論を容れ請求を棄却したが、控訴審では、解決金を支払う和解をした。

片山はもてたのか?

大学教授のケースも、部長のケースも「もてた話」ではない。しかし、片山ケースは、対価型・継続型セクハラであるが、「もてた話」バージョンである。抱擁などの事実があっても、片山が主張するように、恋愛関係やそれに類する親密な関係があったとすれば、合意のうえでの行為と解される。そこで、二人の主観面を含めた事実関係の認定と評価をすることになる。その際には、由美には転職の世話をしてもらった恩義があり、昼間は片山と二人体制でマーケティング業務をしているという両者の関係性を織り込むべきであろう。

そうした目でみていくと、由美は食事の後に「楽しかった」とメールしたこともあったが、恩義ある上司の片山に気を遣っていることは普通なら気づくであろう。また、早い段階からキスを迫られたりすると、体をひねって拒否の意思を明らかにしていた。昼間の仕事との関係もあり、由美は片山の下心を知りつつ、あしらいに困惑していた。片山は、女遊びをするタイプではないが、それだけに由美のナイト気取りで「もてた話」を夢見心地で満喫していたとみられる。

片山の妻は、本件提訴を知り、実家に戻ってしまい、離婚話に発展しかねない状態だともいう。一抹の哀れさも漂うが、メンタル面を損ねた由美に対しては、相応の慰謝料支払いを免れない。最終的には、和解で終了したが、片山は高い勉強代を支払うことになった。

21　漂流する賃料額の争い

東京地裁のベテラン裁判長Iさんは、判例雑誌で自分の担当した案件と似たケースを見つけて読み始めた。判決文の流れは流麗で分かりやすく、論旨の組み立ては明晰であり、Iさんは、まったくそのとおりだと深く頷きながら読み進めた。最後まで読み、言渡した裁判官の名前を見て、「何だ、私の書いたものじゃないか」。

酒席でI裁判長から聴いたエピソードであるが、いわゆるネタではなく、実話ではないかと思う。それというのも、「そうなったらお仕舞いだよね」という締めくくり方に哀愁を漂わせていたからだ。Iさんは、その後まもなく地方の裁判所長に栄転された。

そんなことを思い起こしながら、判例雑誌で気になった裁判例を読了した。流石に自分の書いた判決ではなかったが、担当した案件のその後の物語が、そこに描かれていたのである。

その判決とは、「賃貸借を行うことの基本的合意は成立しているものの、賃料額についての合意が成立していない場合に、賃借人が賃貸人に対して、適正な新規賃料額の確認を求める訴えは、法律上の争訟には当たらないとした事例」であった(東京地判平成二〇年二月二七日判時二〇一一号一二四頁)。

賃料額が決まらない！

この案件の一方の当事者は、都心の一等地に土地建物を所有しビル賃貸業を営んでいたが、駅前再開発として百貨店の入る大型ターミナルビルを建てる計画に所有地を底地として提供して協力した地主である。相手方は、この再開発事業を手掛けた鉄道会社だ。地主は、建設されたターミナルビルの区分所有権を取得し、鉄道会社に区分所有権のあるフロアを賃貸する(百貨店は転貸)というビジネスに転換することにした。地主と鉄道会社との間では、フロアの賃貸借を基本的に合意した。

地主は、再開発計画への貢献度が高いのでフロアの賃料に色をつけてほしいと希望した。しかし、鉄道会社側は、応分の協力は割り当てられた区分所有権のフロア面積で評価されているから、賃料は相場の額にしてもらいたいと頑張った。当事者双方で、賃貸借契約締結を目指して交渉を重ねてきたが、なかなか決着がつかない。とうとうターミナルビルが建ってしまい、百貨店もオープンし、そのフロアを使う時期を迎えたが、どうしても賃料額が合意できない。

そこで、苦肉の策として、具体的な賃料額は決めず、「信用ある第三者の専門家に他の類似の百貨店の賃借条件の調査を依頼し、それを持ち寄り、尊重し、誠意をもって協議し、公正な額で決定する」という抽象的な合意でスタートした。その後も、借主の鉄道会社側は自分が相当と主張する賃料を毎月供託して、なお交渉を継続したもののラチがあかない。もめにもめた揚句、地主から、鉄道会社に対する相当賃料額確認請求が地裁に提訴された。この案件が、私の部に配点されたのであった。

相当賃料額の決定と司法の役割

司法研修所で教え、実務で使われている要件事実論の考え方からすると、賃貸借契約における賃料額は要素であるので、具体的な賃料額の合意ができていない段階では、まだ賃貸借契約として成立していないことになる。賃貸借契約が成立していなければ相当賃料額確認請求は棄却される。しかし、このケースでは、賃貸借を行うことの基本的合意はあるから、賃料額は「公正な額」と合意されていると考えれば、額を裁判所で決めてあげてもよさそうに思われる。

問題は、「公正な額」を決める方法である。この点は、裁判所が具体的な賃料額を定めるためには、市場価格を基本として、賃貸借契約締結に至る経緯、契約内容等について、主観的、客観的要素を総合的に考慮する、非訟事件と同様の手法をとるのが相当であると考えた。市場価格以外の要素は、当事者が賃料額決定の交渉に臨んで相互に考慮するに値するものでなければならない。そして、そうした要素をも考慮することは、当事者間の賃料額決定の交渉において念頭に置かれる幅のある賃料額の範囲から、裁判所が、合理的な裁量により相当賃料額を決定することになる。それは司法の役割と考えてよいであろう。

私の部は、以上のように考えて、鑑定結果である市場価格を基本として、地主による敷地提供がなければターミナルビル建設事業が実現しなかったこと、同じビルの他の賃貸人と百貨店との間の賃貸条件等を考慮して、市場価格に五％加算した額を賃料額とするのが相当と判断した（東京地判平成一三年三月六日判タ一〇七七号二一八頁）。

高裁判決の結果と顚末

鉄道会社は加算を不服として控訴したが、高裁では、賃貸借の新規賃料について合意が成立しない場合、裁判所が賃料額を認定し確認することがそもそも可能なのか疑問を抱いた。当事者は、双方とも、これは可能であると論陣を張った。

しかし、高裁は、賃料額について抽象的な合意しか成立していない場合には、裁判所が合意に基づく賃料額を証拠によって認定することは不可能であり、当事者に賃料額を定める形成権を付与する実定法上の根拠は存在せず、実質上の非訟事件として裁量により賃料額を定める権限が裁判所に付与されていると解すべき実定法上の根拠も存在しないと判断した。そして、賃料額の確認を求める本件訴えは、「法律上の争訟」に当たらないとして、不適法却下した(東京高判平成一三年一〇月二九日判時一七六五号四九頁)。

高裁は、当事者双方が何とか賃料額を決めてほしいと希望しているにもかかわらず、訴えを却下したのである。法規実証主義の考え方に基づくもので、もちろん一つの解釈ではある。しかし、そうなると当事者の間で賃料額の合意ができない限り、争いはいつまで経っても決着がつかない。

先の判決を読むと、案の定、鉄道会社が地主に通知した賃料額を支払いながら、フロアを一五年以上にわたり占有使用を継続してきたが、なお賃料額についての具体的な合意ができていない。そして、賃料額確認の訴えは法律上の争訟に当たらず不適法とした確定判決があるから、鉄道会社が、賃貸借契約の不成立を前提として、当該基本的合意に基づく占有対価支払債務の確認を求めることは、前訴判決の既判力に抵触するとして、却下されている。

最初のボタンの掛け違いは、直さない限りいつまでも続くのである。模範解答は、当事者の自主的解決能力に期待するというのであろう。しかし、万事休した当事者双方から請われても、裁判所はボタンの掛け違いを直すことができないものか。このケースでは、それが問われたのである。

22 釧路勤務時代の追憶

裁判官は、全国あちこちの裁判所に転勤する。全国に均一の上質の司法サービスを供給するためである。東京・大阪など大きな都市の裁判所は、裁判官定員も多いので、出たり入ったり複数回勤務することになるが、地方は、そうではない。新任地に赴くときの期待と不安、去るときの思い出と一抹の寂しさは、多くの転勤族の抱く感慨と共通のものであろう。

どの勤務地も想い出があるが、ナンバー1は釧路である。釧路は冬場は昼間でも零下になり、夏場は霧が出るなど気候条件は厳しく、そのため通常は三年の任期が二年とされている。しかし、管内は風光明媚で、時間がゆっくり流れており、生活の質はむしろ都会地よりも高い。退庁後に車を走らせ、家族で近郊の温泉に出かけ、湯につかりながら、湿原に沈みゆく夕陽を堪能することができるのである。

誠実な地元の弁護士

釧路地家裁は、昭和六一年当時、所長のほか裁判官は六人で、最小単位の本庁であった。弁護士は、本庁管内には一三人おられ、ベテランから若手までお互いの顔がよく見える規模である。攻守ところをかえることもしばしばであるためか、訴訟活動でもフェアで、無理を通そうという姿勢が皆無であった。かといって、馴れ合いというのでもなく、法律専門職の仕事ぶりとして信頼に足りるものであった。

このことを例証するものに、馬喰間の金銭貸借事件のエピソードがある。牛馬の売買をする馬喰という職業がある。この案件は、原告も被告も馬喰であり、原告の主張は金を貸したから返せというシンプルなものであった。金銭貸借の証拠(書証)はあるのに対して、被告が返したという証拠は書面としてはない。

しかし、被告は、「自分と原告とは馬喰仲間である。馬喰の金銭貸借では、借主が金で返す場合だけでなく、次にする牛馬売買で、妊娠した牛を売れば、そうでない牛よりも高価にカウントして実質的に相殺する場合もある。今回の請求分はそういうことを重ねてきているのでゼロになっている。だから、これまで原告は請求してこなかったのだ。そうであることは馬喰仲間は皆知っているので、白分は原告の請求に絶対応じられない」と弁明した。被告は、反論だけして、客観的な証拠はないと言うのだ。

この審理経過によれば、書証と本人尋問の結果を採用すればそれで原告を勝たせることはできる。しかし、被告の言い分に分がないわけでもない。そこで、原被告双方の訴訟代理人に来てもらい、次のように尋ねた。「裁判所としては、原告に分があると思うけれども、被告の言い分も一理ある。どちらの言っていることが本当か、裁判所は分からない。当事者に近い訴訟代理人としてはどういうご認識か」。そうすると、双方の訴訟代理人とも、正直に「自分たちも分かりません」。

この場面では、弁護士としては、それぞれ代理する側の言い分とその論拠を述べ、相手の証拠の弱点を突くことをし合ってもおかしくない。むしろ、依頼者の最善の利益を図ることが弁護士倫理だと考えれば、むしろそのようにすべきである。しかし、「自分たちも分かりません」。私は、信頼という抽象的価値を見事に具現化している生身の弁護士を眼前に見る思いがした。

この案件は、和解はできず、結局、客観的な証拠のある原告に軍配を上げる判決をしたが、一審で確定した。

流氷に乗って失踪？　風土に根ざした事件

事件の風土性を感じたのは、家裁の標津出張所で取り扱った「危難失踪中立事件」である。

北海道、とりわけ釧路管内の沿岸には、冬場に流氷が来る。シベリア方面から流れてきた氷がオホーツク海沿岸に接岸するが、寒い年には、太平洋沿岸にも接岸する。観光客向けの目玉に流氷見物があるが、地元の人たちがいう「本当の流氷見物」とは、ただ接岸している氷を見るものではない。春になって雪解け時期の手前に、流氷が遠くオホーツク海に返っていくのを眺めることなのである。接岸している氷はたいていい風があまりない晴れた日に動き始める。天気のよい日だから、海面の氷がキラキラと光り輝いて、感動すらもよおす光景であるという。

その案件は、流氷を見物に行き帰ってこない地元の若者四人の家族が失踪宣告、その中でも危難失踪による失踪宣告をしてほしいという申立てをしたものである。

自然人が行方不明になると、申立てにより失踪宣告をすることになる。普通失踪は民法三〇条一項に定められており、生死が七年間明らかでないときは、その時点で失踪宣告をすることができる。ところが、この案件では一年経過した時点で申立てがされたのである。

たしかに、危難失踪（民法三〇条二項）に該当すれば、生死不明の期間が一年間でも失踪宣告することができる。しかし、危難失踪とは、「戦地に臨んだ者、沈没した船舶の中に在った者」が例示されていて、戦争に巻き込まれたとか、船舶乗船中に海難事故に遭遇して遺体も見つからないような場合を指すものが典型だ。

この案件では、若者達が流氷見物に行ったまま帰ってこないという。状況としては、若者達が流氷に乗って遊んでいて、それが離岸して沖に流されてしまったという事態が一応推測される。しかし、そうした状況が、単なる可能性のレベルではなく、高度の蓋然性ありというレベルをもって、関係証拠・資料から、裁判官が認識することができなければこの申立てを認めることはできない。

調べたところ、目撃者として本州からの観光客がいることが分かった。複数の若者が流氷に乗った状態で手を振っている姿を見ている目撃者がいたのである。地元民なら、事態をすぐ察知して必ず警察なり海上保安庁に通報する。ところが、観光客であったので、手を振って助けを呼んでいるのに、挨拶の合図をしていると考えて、手を振り返したのだ。

目撃者がいるのであるから、若者達が流氷に乗ったまま沖に流されたことは間違いないと思われた。そこで、危難失踪を認めようと考えたが、何が危難に当たるかという問題がある。

考えたすえ、「流氷の離岸」が危難に当たるという解釈をした。流氷の離岸が、戦争や船舶事故・航空機事故に匹敵するのかと反論することはたやすい。しかし、風土に根ざした事件には、それに応じた法解釈をしなければならない。失踪宣告の審判の後、若者四人の家族は、これで葬式を出してやることができると安堵の胸をなで下ろした。

23　法廷での所見

原告一〇〇〇人超、被告八社の多数当事者訴訟

Ｍ社は、顧客に海外のホテルの居室の区分所有権を販売し、それを賃借して賃料を支払う形態の金融商品を売るというビジネスを展開した。Ｍ社は、商社や不動産会社とタイアップして海外のホテルを斡旋してもらい、顧客が金融商品を購入するときには、複数の銀行が提携ローンで融資するという形で事業を拡大してきた。一時は、業績も好調であったが、バブル崩壊を契機として倒産し、顧客に経済的損失が発生した。

そこで、顧客らは、Ｍ社につき「構造的にリスクの大きな金融商品を売ったことは、故意による詐欺」であり、銀行は貸し手として、商社や不動産会社は、構造的に収益見込みのないものに投資させるために共同し、または幇助したとして、共同不法行為に基づく損害賠償請求訴訟を提起した。この事件は、被告が八社あり、何次にもわたって提訴され、原告らは最終的には一〇〇〇人を超す多数当事者訴訟となった。

訴訟代理人のジレンマ

原告側は、故意構成をとっていたが、一定の時期までは収益金を配当できていたのであるから、当初からの故意による詐欺と主張するのは、かなり問題がある。しかし、ある時点から、この金融商品

に係る収益見込みの構造が変わってきており、会社の業績も低下しているという事情があるが、その時期以降も、顧客に当該金融商品購入を勧誘し販売をしている。事象を全体として考えてみると、担当者が顧客に終始同じ説明をしていた場合には、説明義務違反になる時点があると考えられる。裁判所が、その点について釈明したところ、原告側は、過失構成も加えた。

M社はある時期を境にして、顧客に対する金融商品の勧誘・販売においてリスク要因・程度など説明内容を変えるべきであるのに、それをしていないことが説明義務違反であるとすると、顧客らは購入の時期によって勝敗が分かれることになる。このようなケースでは、ある時期以降の金融商品購入者に対する説明義務違反を適切に主張立証すればするほど、それ以前の購入者に対する説明義務違反は認められにくいという関係になる。だから、こうした案件を、弁護士が依頼者の金融商品購入の時期を問わずにすべて受任することは、利益相反になるおそれがある。これに対して、請求原因を故意一本で構成すれば、弁護士にとってそうしたジレンマは生じない。しかし、それでは敗訴リスクが格段に高くなるから、ジレンマ回避のために故意構成に絞るというのでは、本末転倒であり、誠実な執務とはいえない。本件では、紆余曲折はあったが、双方の訴訟代理人の尽力により、最終的には和解が成立した。裁判所は、法廷で行われた和解期日において、訴訟代理人と傍聴席を埋め尽くした双方当事者に対して、次のような所見を述べて、締め括った。

裁判所の所見

1　本件訴訟の終了に当たり、裁判所として、一言考えるところを述べたいと思います。

本件は、海外不動産投資に係る金融商品購入を勧誘して、事業を拡大してきたM社が、バブルの崩壊を契機として倒産した結果、顧客であった原告らに不測の経済的損失を発生させたことの法的責任の所在を問題とするものです。

2　本件訴訟の意味合いについて、当裁判所は次のように考えています。

わが国は、金融自由化を間近に控えており、司法に対しては、透明なルールの形成が望まれているところです。すなわち、本件訴訟において、①金融商品の企画・販売のルールはどのようなものであるべきか、②そうした事業に融資をし、参画するなどして関与した関係者の行動はいかにあるべきか、③顧客は、どのような情報を得て、自らの責任において判断を下すべきであるのかなど、ルールを明示することが望まれていると考えました。本件訴訟が、特定企業と顧客との間の法律関係の処理に止まらず、普遍的な意味を持つとすれば、まさに、そうしたものとして捉えるべきであろうと思います。

3　本件訴訟の進行を振り返ってみますと、当部における最も古い事件の訴訟提起は、平成六年六月です。第一回口頭弁論期日は、九月二〇日でした。それ以降、口頭弁論期日を重ねること二二回。私が事件を引き継いだのは、提訴後四年目、平成一〇年六月の第一九回口頭弁論期日からですが、その年の内に、双方訴訟代理人の協力を得て、一一月の第二二回口頭弁論期日まで、四回の期日の中で実質的な主張と反論を傍聴席の皆さんからも目に見える形で行って参りました。他方、民事△部において、関連事件について、証拠調べをしたうえで、和解手続が進められることになりました。

4　そこで、本件訴訟の進行について再考を迫られました。再度検討した末に、当裁判所としては、本件訴訟について、法的責任の有無を明らかにする形で決着を図ることも十分考えられるが、もう一つの選択肢として、結果として顧客である原告らに生じた経済的損失について、原告ら・被告ら関係者のそれぞれが痛みを分け合うような形で負担することにより、本件を解決するという道もある。それは、社会事象としてみた場合における本件紛争の解決として相当ではないかと考えるに至りました。

5　そのようなことから、平成一一年二月から、弁論準備期日を指定し、原被告間の意思疎通を図って参りました。これまた、期日を重ねること七回。本日は、和解期日ですが、通算三〇回の期日を必要としました。

原告ら訴訟代理人は、原告らの意見調整に尽力され、被告ら訴訟代理人及び担当者は、関係者との折衝、会社内部の意思形成に尽力され、いずれも、本件紛争の解決のため、多大の努力を傾注されました。その成果が、本日(平成一二年四月二八日)の和解であります。

6　当裁判所としては、原告ら訴訟代理人、被告ら訴訟代理人及び担当者の方々に対して、深甚なる敬意を表したいと思います。法律実務家は、社会に生起する紛争をどのようなスタンスで、どのように解決を図っていくかによって、その力量が問われる、厳しい職業ですが、本件の経過は、まさしく、あるべき法律実務家としての役割を十二分に果たされたものであると考えます。

7　最後に、傍聴席の原告の皆さん方に、一言申しあげて、結びといたします。

「本当に、よかったですね」。

24　だまされる裁判官

弁護士もだまされるが、裁判官もだまされる。中村治朗裁判官(一九一四年〜一九九三年)が、陪席裁判官時代の思い出として次のようなエピソードを語っておられる。

若い芸妓に同情したが

中村裁判官は、芸妓置屋から逃げ出した若い芸妓に対する女将による前借金の取立請求事件(合議事件)の主任裁判官を務めていた。前借金の登場する時代がかった案件であるが、それもそのはず、昭和一七、八年ころの東京民事地方裁判所での話である。

その民事訴訟の被告である芸妓本人の尋問が行われた。まだ若い娘が粗末な着物をまとい、ひっつめ髪、白粉抜きの恰好で出廷し、今にも消え入りそうな弱々しい姿で供述した。中村裁判官は、すっかり同情してしまい、本人尋問終了後、裁判長に和解勧告をすべきだと力説した。裁判長は、「君がそう言うなら、まあやってみたまえ」と言い、和解勧告をしてくれた。

中村裁判官は、法廷を終え、いつものように日比谷公園の中を通って帰路についた。彼は、そこで件の芸妓が、母親らしい女性と道傍のベンチに並んで腰かけ、大股を拡げ、さきほどのしおらしい姿からは想像できないようなあばずれた行儀の悪い恰好で、喋りながら弁当をパクついているのを目撃したのである。その瞬間、中村裁判官は、「やられた」と思った。次の開廷日に裁判長にその件を話したところ、一笑されただけで何も言われなかったが、中村裁判官は、意地でも和解を成立させなければなるまいと考えた。懸命に当事者を説得したところ、幸いにも原告の女将が冷静なしっかり者で割合素直に譲歩してくれ、無事和解が成立した。

これが、中村裁判官をして、「大いにホッとしたが、今でも当時の自分のおめでたさ加減がおかしく、かつ、懐かしい」と言わしめたエピソードである（中村治朗『裁判の世界を生きて』（判例時報社、一九八九年）五〇九頁）。このエピソードは、若き中村裁判官の修業時代の微笑ましい一齣として受け止めたい。

というのは、原告本人の供述内容が虚偽であれば、裁判官をだましたといえるが、尋問に際して、殊勝な善人や哀れな被害者を演出した程度で、後に「やられた」と思う判事補は、現在ではいないかららである。今どきの判事補なら、事故の後遺症だとして足を引き摺る本人が廊下に出たときにみせる様子を廷吏事務官に見てほしいと頼むことはあるかもしれない。ことほどさように、裁判官は当事者善人説を無前提に信じてはいない。

そんな擦れた東京地裁の裁判官を本格的にだましてやろうと企んだ民事訴訟事件が多数起こされたことがある。金融業を営む株式会社Aの代表取締役Bが、その主犯であり、本人訴訟によって多数の貸金請求訴訟を提訴した。このBは、自身が札束に埋もれた写真を印刷したユニークな年賀状を裁判所民事部各部に送りつけるなど、すこぶる個性的な人物であった。

組織的で大胆かつ巧妙な手口

Bは、別の複数の金融業者から元顧客の金銭借用証書、印鑑登録証明書などの貸付関係書類を買い取り、それらの書類に押印されている印影を元にして判子屋に印鑑を注文した。そして、自分の娘やA社の取締役に、顧客の筆跡をまねて署名させ、出来上がった印鑑を使って押印させて金銭借用証書や領収書を偽造したのだ。

このようにして、Bは虚偽の証拠を作り出したうえで、会社AやB個人が原告となり、貸付をした事実がまったくないのに、金融業者の元顧客らに対し貸金請求訴訟を提起し、偽造した金銭借用証書等を裁判所に提出して、担当裁判官を欺き、勝訴判決を得てこれを確定させ、貸金請求名目で債務名義人から金員を詐取しようしたのである。

Bは、提訴前に、ターゲットとする元顧客らに、懸賞で賞金が当たったとか、興信所が身辺を調査しているという内容のはがきを繰り返し送りつけていた。これは、不審に思って連絡させることを狙ったもので、連絡してきた者から、言葉巧みに電話番号や勤務先を聞き出し、執拗に虚構の貸金の返済を迫ったりもした。しかも、対象者ごとに台帳を作成して管理するという念の入れようで、文書を偽造する者、現在の住居・勤務先を調査する者、裁判所に対する書面の提出や口頭弁論期日に出頭する者という具合に共犯者の間で役割分担までしていた。

Bは、主に法廷に出廷したが、提出した偽造金銭借用証書や偽造領収書は極めて精巧なものに仕上がっていた。被告とされた者が、「押印してある印影や署名の筆跡は、確かに自分の印鑑・筆跡に似ている」という答弁をしたほどの出来映えなのだ。また、Bは、なかなかの役者で、期日において、面識のない被告に対して、あたかも旧知の間柄であるかのような言動をしてみせるなど、巧妙に振る舞ったのである。

このようにして、Bは、平成七年から同一〇年にかけて足かけ四年間、次々と貸金請求訴訟を提起した。Bは、有印私文書偽造、同行使、詐欺未遂被告事件として起訴されたが、起訴されたのは、一三件分にすぎず、提訴した訴訟の一部であった。Bは、被告らが和解に応じて金員を支払ったり、印鑑の鑑定を申請するなど徹底的に争うと訴えを取り下げたりしたため勝訴判決を得るに至らず、詐欺の目的を遂げなかった。

借りてもいない借金について、なぜ和解などをするのか疑問に思うかもしれないが、被告らはかつて金融業者から重ねて借金したことがあることから、証拠書類を突き付けられると、ひょっとして残っていたものがあったのかなと錯覚したのである。古証文であるから、元利合計額は約定金利を合算すると相当かさむが、Bは、和解をする被告には、元本に限定し、その何割かで結構という対応をしたので、多くは和解に応じたのだ。そのため、詐欺罪については未遂罪が成立するにとどまった。しかし、被害者らは、和解金名目で合計一一七七万円の現金をA社やBに支払わされている。また、Bらの取立てにより、職場の同僚など周囲の者からの信用を失う者もいた。

Bの犯行手口は、詐欺としては驚くべき大胆なものである。正義の実現を使命とする裁判所をあざ笑うかのように、反復継続して訴訟詐欺を敢行しており、組織ぐるみの犯罪は、計画的であり、悪質極まりないものと評するほかない。Bは、地裁で懲役七年六月の実刑判決を受け、高裁で懲役七年となったが、確定し服役した。

意図的に裁判所をだましてやろうとする訴訟詐欺を見破るために裁判官が腐心しなければならない時代に入ったことを象徴する事件であった。

25　部総括の意気地

地方裁判所本庁の裁判組織の基本単位は部である。部は、事務の分配、特に合議体を構成する裁判官の組み合わせのためにある。したがって、部には、合議体を構成するに足りる数の判事・判事補が配属される（下級裁判所事務処理規則四条三項）。地方裁判所の合議体は三人構成であり（裁判所法二六条三項）、判事補は二人以上加われないから、判事が二人以上配属されるのが基本（任官六年目以降の職権特例判事補は判事の扱い）である。部には、相当数の裁判所書記官が置かれる。部の事務は、部に属する裁判官の一人が総括する（下級裁判所事務処理規則四条四項）が、これが「部総括」あるいは「部総括裁判官」といわれる存在である。部総括は、毎年最高裁判所が指名して、一月の官報に掲載される。

部総括は、合議事件では裁判長となる。そこで、部内の職員は、「部総括」とは呼ばず、裁判長または部長と呼ぶことが多い。部長は、戦前の裁判所構成法の呼称であるが、現在でも「部総括」よりも一般的な呼びかけ方となっている。裁判官になったからには、誰もが「部総括」くらいは経験してみたいと思うポストである。

司法研修所事務局長から転出し、東京地裁民事部の部総括に指名されたときには、晴れがましい思いと一所懸命に頑張ろうという気持ちが湧いてきたものだ。当時の民事部は五〇か部あり（現在は五一か部）、したがって部総括裁判官も五〇名を数えた。皆、一騎当千、多士済々《たしせいせい》の面々である。

民事部の部総括が全員顔をそろえる会議は壮観で、着任早々の新米部総括は相当強気の人でも緊張するのが常であった。東京地裁の部総括には、最高裁事務総局の課長、最高裁調査官、司法研修所教官、法務省各局課の課長経験者などが少なくないが、裁判部一筋で事件処理に定評あるツワモノも控えている。この中で、どういう部総括が発言力を持つのか観察してみたことがある。

一目置かれる部総括とは

半可通の評論家は、それは最高裁事務総局の官房系局課(総務局、人事局、経理局、秘書課)の課長経験者が幅を利かせているに違いないと想像するかもしれない。しかし、全然そうではない。部総括は、それぞれの前職はもちろん知っているから、前記役職経験者がいささか無神経な立ち居振る舞いをした場合には、「総局カゼを吹かせていますね」という評価があっという間に席巻することになる。

では、どのような部総括がリーダーシップを発揮することができるのか。それは、部の事務の運営がうまくいっている部総括なのである。事件処理が順調に行われ成果が上がっている部、部内の人間関係が書記官室を含めて良好な部の部総括が、一目置かれ、発言力を持つ。部の事件処理は、形式的な数合わせで黒字だというだけでなく、社会の耳目を引く事件では審理経過も円滑で、考え抜いた結論を出しているかどうかという質もカウントされているのだ。また、書記官室とギクシャクしていることはもとより、部内に過労で病人を出したということもNGであるという具合に、部の事務の運営の良否は総合的に判断されている。部総括の前職は一切関係ない。

これは、従前どれほどタイトルマッチで防衛しチャンピオンベルトをキープできていたボクサーでも、その対戦のラウンドで、よく闘えなければマットに沈むことになるのと、まったく同じ構造だ。

これこそは、まさしく言葉の真の意味での実力主義・実績主義であり、しかも、同僚間による冷静な評価である。このことに気づいた私は、裁判所はさまざまな問題を抱えているとしても、実にまっとうな専門職集団であると感じ入った。こうした集団の一員であったことを誇りに思っている。

司法研修所教官時代の教え子で裁判官になった人たちも、部総括適齢期になっている。すでに地家裁で部総括を経験し高裁で陪席裁判官としてキャリア形成を継続している人、今春新たに指名を受けた人、複数の地家裁で部総括を続けている人、さまざまであるが、現に部総括をしている人は、一様に、大変ではあるが、やりがいがあると口をそろえる。

部総括も、右陪席裁判官と同様に単独事件を担当することが多いが、自分の事件で手一杯ではいけない。右陪席裁判官の事件滞貨にも意を用い、状況に応じて合議に回すよう配慮すれば、部の事件全体がうまく進むようになる。また、左陪席裁判官は、一番経験年数の少ない若手判事補であることが多いが、彼または彼女がその部で最も複雑困難な事件群である合議事件の、主任をしている。部総括は、彼または彼女の自主性を尊重しつつ、自ら蓄積した知見・ノウハウを伝えて、自立するための支援・指導をすることが役割である。若手判事補は、向上心が旺盛であり、砂地に水が吸い込まれるように実務的知識を吸収し、初任明けの時期には驚くほどの成長をみせる。

S判事の例

教え子の部総括S判事と、陪席裁判官の指導・交流について意見交換してみた。まず、どの程度の力量があるかを見極めていますという。それは大事である。現在は、司法修習生の修習期間が一年間になっているため、実務的なスキルの養成は、ＯＪＴ（オン・ザ・ジョブ・トレーニング）に期待されるところが大きい。

最初の判決起案が不出来であった場合でも、判決の構成を合議することにより要領をつかむことができるようになる。記録を読むのに時間がかかることを相談された場合には、修業の途上であることからやむを得ないレベルのものか、準備書面と書証を関連付けて読むようにしていないのではないか、同じことを長く続けすぎて集中できていないのではないか、あれこれ気が散り集中力を欠いているのではないかなど、判別して助言することが望ましい。

S判事は大層謙虚で、自分の判事補時代よりも左陪席裁判官が優秀でありがたいという。だとしても、先輩から教えてもらったノウハウは伝承しなければならない。

S判事の行いで感心したのは、自身に対する要求水準の高いガンバリ屋の右陪席判事に対する配慮である。ともすると仕事をしすぎる傾向に陥る彼を気遣い、部の有志と行事を企画し、折々の花の季節に合わせた行楽に誘っているという。彼も喜んで参加しているというからその部の普段の和気に満ちた雰囲気が目に浮かぶ。

S判事は、会社経営をしている親戚がいて、一族皆から弁護士になることを期待されていた。自分もそれをわかっていて、「半年で裁判官を辞めるようなことになってもいいですか」と念を押して任官した。それが、四半世紀以上裁判官として勤め、今、部総括として水を得た魚のように活躍している。人生は面白いものだと思う。

26　法廷での居眠りと尋問技術

裁判官が法廷で居眠りをすると、新聞ネタになる。法廷は、裁判所と当事者、訴訟代理人とが口頭で意見交換する場であるから、そもそも居眠りをすることはあり得ないはずだ。珍しい事象であるからニュース・バリューがあるということであろう。また、当事者が真剣に有罪・無罪や権利の有無について争いを展開する神聖な法廷で居眠りをするのは、不謹慎極まりないと皆が思うからだ。もちろん、当の裁判官も、それはよくわかっている。

それならば、なぜ法廷で居眠りをしてしまうのか。いくつかの理由が考えられる。

居眠りにはワケがある

第一に、前の晩にどうしても仕上げなければいけない判決起案を徹夜して終わらせたため、絶対的に睡眠不足だということがある。しかし、これは規則正しい生活をして、計画的に仕事をしていくことにより防止することができる。

第二に、体調が悪く、服薬をしている影響で眠くなってしまうということもある。著名な大事件の審理の中で、裁判長が居眠りをしたことが問題になったことがある。居眠りをして体が傾き、法壇の上に積み重ねてあった事件記録を落としたので、満場に知れてしまったのだ。その裁判長は実は糖尿病で、服薬していて眠気に襲われたという事情があり、部内の者は皆知っているから「気の毒だ」と思うが、対外的には「不謹慎」という印象を残す。そこで、裁判官は、健康に留意し、体調を十分管理して法廷に臨むことが必須ということになる。

私の経験では、裁判長になれば、法廷で眠気を催すことはない。口頭弁論期日での当事者とのやり取りは、緊張感あふれるものだからだ。もっとも、陪席裁判官時代には、居眠りしたことはないにしても、睡魔に襲われたことはあった(膝をつねったり、記録を手にとったりして、その瞬間をやりすごすのだ)。夜更かし常習の同期のM判事などは、「法廷で眠気を催すことがなくなったら、もう年寄り」という説を提唱していたほどだ。陪席裁判官に、「裁判長が訴訟指揮をしてくれているから、気を抜いてもOK」という気構えしかないとしたら、そこが問題なのであろう。

第三に、法廷で繰り広げられる証人尋問・本人尋問が単調で、つまらないからだという理由もあり得る。不都合な真実というべきかもしれない。もっとも、現行民事訴訟法における証拠調べでは、それは激減している。というのは、一つには集中証拠調べ(民訴法一八二条)を実施しているからだ。集中証拠調べは、午後なら午後、一日なら一日の限られた時間で全部終わるという緊張感があって、聞いていて面白いからだ。もう一つは、弁論準備手続でかなり議論をしてきているから、事件の咀嚼《そしゃく》度が高くなっていることもある。このケースは、どのような背景があり、当事者の思惑・意図は云々で、こういう主張をしていて、当事者の対立ポイントはここだという、争いの構造・輪郭がわかっているので、裁判官も尋問を聴いていて「なるほど」と思うわけだ。

従前の人証調べは、凡庸な質問とわかりきった平板な証言・供述が延々と続けられることが多かった。しかし、集中証拠調べの下では、訴訟代理人である弁護士の的確な主尋問により、生き生きした証言が法廷に現れ、相手方訴訟代理人からは、ポイントを見逃さずに反対尋問することにより、信用性が適切にテストされ、目的意識のある異議の応酬も加わり、自ずと実体的真実が明らかになるという仕掛けができたのである。

尋問方法の工夫もされてきている。通常は、主尋問・反対尋問・再主尋問という順序で行われる。これに対して、複数の証人・本人について、主尋問を最初にまとめて行い、その後に反対尋問も連続して実施することもある。時間の節約もさることながら、聴いてよくわかる方法を工夫し、実践しているのである。これは、双方の訴訟代理人と裁判官とが協議、相談しながら決めていくのであるが、そのこと自体が昔と比べてはるかに活性化している。

さらに、弁護士の尋問技術が向上すると、証人・本人の語る内容の臨場感は増し、居眠りをしている暇もない。もっとも、尋問技術は属人的かつ個別的なもので、うまい人もいればそうでない人もいるし、うまくできたケースもあれば、そうでないケースもある。

「上手の手から水が漏れる」ということもあり、尋問上手の弁護士でも、いつもうまくいくとは限らない。しかし、確率的には尋問のうまい弁護士がしくじることは少ない。なぜなら、尋問の仕方は「技術」だからである。

眠気を吹き飛ばす「尋問の達人」

それでは、弁護士は、証人尋問に必要なスキルをどこで学ぶのであろうか。日弁連法務研究財団の「民事訴訟における証人尋問の研究――弁護士調査」(高橋宏志・那須弘平「民事訴訟における証人尋問の研究——弁護士調査Ⅱ　証人尋問一般について」日弁連法務研究財団編『法と実務 vol. 3』(商事法務、二〇〇三年)一一八頁)によると、「証人尋問に必要なスキルをどこで学んだか」というアンケートに対しての回答は、一位が「みずから創意工夫をした」。オン・ザ・ジョブで学んでいくことを示すものである。二位は「先輩、同僚の弁護士から学んだ」。三位が「訴訟で相手方の弁護士から学んだ」。四位は「師匠筋にあたる弁護士から学んだ」。五位にようやく、「司法研修所で学んだ」。若い層では「司法研修所で学んだ」の率が比較的高いという結果が出ている。六位が「書物を通じて学んだ」。私は司法研修所弁護教官ＯＢと一緒に『民事尋問技術』(ぎょうせい)という本を出しており、その売れ行きに小さな胸を痛めているが、六位という順位によく納得できた。

では、尋問技術向上の秘訣《ひけつ》はあるのであろうか。スキルや技術は、本を読んだり、人に教わったりするだけでは自分のものとして体得することができない。実際にやってみる、現場で繰り返し工夫をして、経験を積むのが一番早道である。ただ、やみくもに経験をするのでは効率が悪い。尋問技術のセオリーはあるから、これを知識としてストックしておく必要はある。そのうえで、「先輩から学び、他の人の尋問をみて学び、かつ、他山の石とし、ひたすら経験を積むこと」が肝心である。

「尋問の達人になりたい」と念じ、自らが適切であると考える、あらゆる尋問技術向上の工夫と努力を維持・継続していくことこそが王道である。弁護士の尋問技術向上は、人証調べを活性化し、勝訴の栄冠を獲得する蓋然性を高めるばかりでなく、裁判官の居眠りを法廷から駆逐することになるのである。

第3章　情と涙の家事事件

27 幸せになろうよ

長渕剛は、「幸せになろうよ」と唄う。しかし、離婚訴訟で裁判所にあらわれる夫婦には、その歌声は届いていない。

口頭弁論期日に発言を求めた夫

熟年夫婦の離婚請求訴訟控訴事件の口頭弁論期日に、控訴人である夫が手続に区切りがついた段階で、発言を求めた。

この夫婦は、結婚して四〇年、成人した二人の子(娘と息子)がいる。夫が定年退職をした日に妻から離婚話を切り出され、「何を言い出すのか」と驚愕・困惑しているうちに、妻は娘夫婦の家の近くにアパートを借りて、家を出て行ってしまった。

夫は真面目に勤め、給与をきちんと家に入れ、妻と協力して二人の子を育て上げた。夫には暴力を振う、浪費をする、浮気をするといった問題はない。しかし、妻は、「人が聞いて嫌なことを平気で言う夫です。四〇年間耐えてきましたが、我慢の限界を超えました」という。嫌な発言は、子供の教育、家計のやり繰り、妻の実家についてのコメントなど、すべてに及ぶ。ただ、これだけだと、「婚姻を継続し難い重大な事由」と評価してよいかは微妙である。

一審の家庭裁判所は、双方の本人尋問を実施した。本人尋問では、夫は「まだやり直せます。悪いところは改めます」と述べており、よくある対応とはいえるが、嘘偽りはないように思われる。妻も淡々と、越し方と自分の思いを述べたが、両者の本人尋問を読み比べても、なお離婚事由があると評価してよいかは正直なところ迷う。

しかし、この案件では、二人の子が母親側についていた。父親との関係も格別悪いわけではないが、二人の子は、それぞれに自分から見た両親のエピソードを綴り、「お母さんは十二分にお父さんに尽くしてきたから、この辺りで解放してあげたらよいと思う」という離婚賛成の陳述書を提出していた。これは判断の天秤のバランスを傾けさせる効果があり、一審の裁判官は、離婚請求を認容する判決をした。

その控訴審を担当することになったが、控訴理由書と答弁書の応酬によっても決め手は見つけられなかった。口頭弁論期日で、夫が発言を求めたので、裁判長は、弁護士に意向を確認して許可した。すると、夫は、次のように述べた。

「離婚請求を認めないで、やり直す機会を与えてください。高裁で家裁と同じような離婚判決が出たら、私は駅のホームから線路に飛び込みます」。

その内容の前半は弁護士と打ち合わせたものかも知れないが、後半は夫の独断の肉声であろう。生きる望みがなくなるほどの出来事であると裁判所に伝えたかったのだ。その気持ちは理解できなくはない。しかし、その言いぶりは聞く者をして間違いなく嫌な気持ちにさせるものである。妻が再三述べてきた「嫌なことを平気で言う夫」が、紛れもなくそこにいたのである。

小説と見紛う愛憎劇

再婚同士の高齢夫婦の離婚請求訴訟で、風変わりなケースがあった。夫は資産家であったが、妻がそれを我が物にしようと画策したことに端を発して、夫が妻を包丁で切りつけるという事件が勃発した。夫は殺人未遂罪で起訴され、懲役五年の実刑判決を受け、服役した。妻は、夫の出所前に家を出て、別居している。

夫は妻に対し、預託金返還請求をし、一〇〇〇万円余の債務名義を得ているが、その履行はされていない。この訴訟において、妻は殺人未遂の不法行為に基づく損害賠償請求権での相殺を主張し、これが認められている。

こうした状況の下に、夫から妻に対する離婚請求がされたのであるが、妻は、婚姻関係は破綻していないとして争った。この心理は理解しにくい。しかし、夫の八三歳という年齢を考えると、相続人となり得る身分を維持した方が得策と踏んだのであろう。これに対して、夫は公正証書遺言を作成して対抗しているが、離婚しなければ妻の遺留分の主張は排斥することができない。

直木賞作家黒川博行氏の描く『後妻業』(文藝春秋、二〇一四年)とは、かなりシチュエーションを異にするが、利害を軸にした人間の愛憎劇としては、明らかに本ケースの方がその上をいっている。

和解協議中にがんが発見された妻

離婚訴訟係属中に、一方配偶者が重篤な病気になってしまうケースもある。老舗造園業の会社を営む夫と、その経理事務を担当する妻とは、よいコンビで家業を発展させてきた。妻は、家事も夫の親の介護なども滞りなく行い、職人の面倒もうまくみるため人望もあった。口数が少なく優しい職人気質の夫とおしゃべりで自己主張も強いしっかり者の妻は、平穏に暮らしていた。

しかし、二人には子供ができず、後継ぎがいないのでは造園業の会社はどうなるのかという周りの口さがない陰口が聞こえ、不妊治療が功を奏さなかったこともあって、ときに波風が立つようになった。あるとき、夫が妻に自宅から出ていくことを求めたが、妻は拒否したため、夫が近くのアパートを借り、別居を開始した。別居といっても、会社事務所が自宅の隣にあるため、夫はしばしば自宅に戻り、汚れ物も妻が洗濯することがあるという。

こうした状況の下に、夫から妻に対する離婚請求がされた。一審は、妻が口論になると、夫の主張に耳をかさず、夫が折れるまで機関銃のようにまくし立てるという事実等を認定し、「婚姻を継続し難い重大な事由」があるとして、離婚請求を認容した。しかし、妻の気丈な性格は家業に大きく貢献しているのであるし、それは夫も分かっている。つまり、今の段階で、婚姻関係破綻と評価してよいかは大いに疑問が残るのである。

控訴審裁判官は、そのように考え、「別居条件を整えたうえ、△年間別居し、△年後に再度離婚協議をする」という和解を提案した。ところが、和解協議をしている過程で、妻にがんが発見され、急遽摘出手術を受けることになった。

和解協議は行き詰った。しかし、この段階で、離婚判決を維持するのは妻にとって酷にすぎる。裁判官は、夫の訴訟代理人に「仕切り直しをする」趣旨で、訴えの取下げを勧めた。訴訟代理人は、「この先離婚を求めるとしても、一旦は引いた方がよい」と懇切に夫を説得し、訴えは取り下げられた。

この幕引きは、夫の優しさによるものと関係者皆に感じられた。

この夫婦の先行きはどうなるのであろうか。出会ったときの二人にもう一度戻ることはできないであろうか。

28 幸せになろうよ その2

離婚紛争には、その背景にさまざまなドラマがある。今でも記憶に残るものが少なくないのはそのためであろう。

名古屋家裁で家事調停を担当していた当時、即日調停を実施していた。その日に当事者双方が揃って家裁に来て調停を申し立てれば、待機している調停委員と裁判官がその日に調停を行い、合意できれば調停成立にまで至るという当事者に対するサービスである。

その案件は、離婚調停であった。夫婦で家裁に出頭してきていて、離婚は合意し、子の親権者も母親とすることで協議ができている。調停委員のヒアリング後に、面接したが、夫の態度にやや違和感を感じた。ニタニタしているのである。精神に問題があるのではないかと観察したが、緊張のあまりニタニタしたように見える表情をしているのだ。妻も大変緊張し警戒的な表情をしている。

離婚も親権者の帰属も合意ができるのであれば、普通は協議離婚をする。夫婦で形成した財産があれば、どのように分けるかで揉め、調停を利用することはあるが、この案件はそうではない。そこで、調停を申し立てた動機を確認しようと、あれこれ聞いてみた。その結果、どうも偽装離婚ではないかと感じた。おそらく生活保護を受けるために家裁で調停離婚したというお墨付を得て、偽装を紛らわせようとしているのだ。

そこで、夫に「お話のとおり離婚合意があるのであれば、裁判所に備え置きの協議離婚届を差し上げますから、それに署名押印して、その足で区役所に届けたらどうですか」と言ったところ、要領を得ない返事が戻ってきた。調停委員のお二人も訝しげに感じるとの意見である。調停委員会としては、さらに説明を重ねて、調停申立てを取り下げてもらうことにし、その案件は終了した。

家裁に来る当事者は、地裁に来る当事者とはタイプが異なり、普通の人が必要に迫られて来訪する。だから、何らかの手助けを求められているのであるが、この案件のように制度や手続を不正に利用しようという思惑でやってくる当事者もいないわけではない。無前提の当事者性善説はとれないのだ。

離婚したい妻、離婚したくない夫

人事訴訟法が改正され、現在は、離婚訴訟などの人事訴訟は家裁に移管されているが、そうなる前は、地裁で扱っていた。家裁で離婚調停が不成立になった後は、地裁に離婚訴訟を提起する必要があったのだ。ワンクッション置かれているので、調停不成立が即訴訟提起につながるわけではなかった。

東京地裁時代に担当した離婚訴訟で財産分与が争点になっているケースがあった。妻から夫に対する離婚請求であるが、預金の管理は妻がしており、財産分与すべき預金などは費消してしまい現在はゼロだと主張している。これに対して、夫は離婚請求に対して棄却を求めたが、仮に離婚請求が認容される場合には財産分与を求め、預金がないはずはないと争った。

夫は、預金口座があったと考えられる金融機関に対して取引履歴の調査嘱託の申立てをした。弁論準備手続に付して、いくつかの金融機関に順次調査嘱託をしていったが、なかなかヒットしなかった。妻側からは、「いい加減にしてほしい」と嫌味を言われながらした最後の調査嘱託先の金融機関に口座があり、相当額の預金があることが判明した。財産分与の対象となる財産を隠していたのである。

このことが裁判所に判明した途端に妻は離婚請求訴訟を取り下げた。夫は、こうした顚末となっても、離婚になるよりマシだと鷹揚なところを見せた。お人好しが損をしていると受け止めるか、夫婦間の機微を感じるかは、微妙なところだ。

年配夫婦の「運命」

やはり東京地裁時代に担当した熟年夫婦の離婚事件も印象深い。この夫婦は四〇年近く連れ添い、成人の子二人をもうけている。

夫からの離婚請求に対し、妻も離婚請求の反訴で対抗している。双方とも、婚姻関係を破綻させたのは相手方の責任であるとして慰謝料を請求し合っているのだ。

妻は、夫が不貞をしたこと、思いやりに欠けることが婚姻関係破綻の原因と主張したが、夫は、不貞の事実を頑強に否認した。妻が病気で倒れたときに夫は病院にも来なかったというのに対し、海外出張時期に重なっただけだと夫は反論した。不貞については客観的な証拠はなく、真偽不明であった。

夫は、妻が浪費したことが婚姻関係破綻の原因であり、妻のローンによる借り入れ、クレジットの返済不能分を自分が負担したと主張した。妻は、夫が家計に入れる金が少なく、経済的虐待を受けていて、借金を余儀なくされたと反論した。この案件は次のとおり判断した(東京地判平成二二年九月二六日判時一〇五三号二一五頁)。

「本件婚姻が破綻したことの責任を原告のみまたは被告のみにあるとすることは相当とはいえない。

原被告双方に等しく責任があるということもできるし、いずれにも責任はなく、いわば運命であるということもできよう。原被告のような年配の夫婦が離婚を望むことはまことに不幸なことではあるが、ある人にとっては人生の避けることのできない出来事でもある。本件婚姻についてはこれを継続しがたい重大な事由があり、婚姻が破綻するについて、いずれか一方にのみ責任があるということはできないから、本訴、反訴いずれの離婚請求も認容されるが、慰謝料の請求はどちらも認められない」。

この案件は当事者が熾烈に争ったから控訴必至とみていたが、確定した。判決書で「いわば運命である」と表現したことが効いたのかもしれない。

究極の性格の不一致

医師同士の離婚事件で、「離婚事由は性格の不一致」と主張するケースがあった。原告である妻側に、性格の不一致と思った具体的な事実を特定するよう求釈明したところ、弁護士が、「裁判官に直接お話ししたいと希望しているので、そういう場を設けていただけないか」と懇請する。そこで、弁論準備手続に付して、直接聴くことにした。

期日にあらわれた妻は、聡明で凛々しい印象を与える勤務医であった。曰く、「開業医の夫は診療所の休日に出て行き、保険診療のデータを操作して、健康保険金の不正請求をしています。止めてと頼んでも耳を貸しません。私とは性格が全く合いません」と言う。同席していた夫は言葉もない。

「これほどはっきりした性格の不一致はあまりないかもしれませんね」とコメントすると、妻は莞爾とほほ笑んだ。この案件は、直ちに、離婚条件の話し合いに入り、すぐに和解がまとまった。

29　名古屋家裁のころ

名古屋家裁では、家事事件と少年事件を一年間ずつ担当した。家事部の時期には、「家でも、役所でも家事をしています」というジョークを飛ばしていたが、受けたかどうかは特に秘す。

家事事件の中でも遺産分割事件は難件になることが多く、何件も長期継続案件を抱えていた。当事者が納得して合意し解決に至る調停で終了できるに越したことはないから、まず調停手続で合意形成を目指す。しかし、必ず同調しない相続人があらわれるので、不調(調停不成立)となる。そうすると、審判手続に移行して、裁判官が審判書を作成して決着をつけるべく、関係資料を収集・整理する。そうなれば、相続人のうちの誰が無理な希望をしているか明らかになり、裁判官は自信を持って方向性を示せる段階に至る。ここで、一気に審判に進めばよいのであるが、得てして、当事者から細部はやはり自分たちで決めようという機運が出てくる。それならば、また調停に戻すほうがよいだろう、審判書を作成する手間も省くことができるということで、調停手続と審判手続を何度も往復する事件が少なくないのが当時の状況であった(現在の実務は大きく改善されていて、解決までの期間も短縮されている)。

裁判官にお任せします事件

調停手続と審判手続を何度も往復して現在は審判に回っている、六年越しの案件があった。複数の相続人が利害を同じくするグループ三つに分かれ、文字通り、三つ巴の争いを繰り広げており、どのグループにも、弁護士が代理人としてついていた。記録を一当たりしたところ、もうやることはなく、裁判所が決断すれば終えられる状態だと感じた。そこで、審判期日の前に、代理人に個別に裁判所に来てもらって、進行の希望を聴取した。そうしたら、異口同音に、「代理人としては、言いたくはないが倦み疲れている、当事者の意向調整に時間をかけすぎた、何とかここで終わりにしてほしい」と言う。

そこで、審判期日に、当事者・代理人の前で、私は次のように問いかけた。

「審判官の加藤です。担当が変わりました。本件は審理すべきことは尽くされていて、判断に熟しています。私は、記録を読み込んで最も適切だと考える遺産分割案を作成したいと思います。それをお示ししますので、皆さんが了解できれば調停で合意していただきます。合意できない場合には、同じ内容のものを審判で出します。そのような進行でいかがでしょうか」。

三グループの当事者・代理人は、いずれも、「それでやってください。裁判官にお任せします」という意向を示した。そこで、遺産分割案を作成し、次回期日前に、各代理人に送付した。迎えた期日当日には、「疑問にはすべて答えます」と見得を切り、「云々の理由で案のようにしました」と説明した。質問はそれほどなく、六年もめていた難件が呆気ないほど簡単に合意ができ、調停成立となった。おそらく、各代理人がそれぞれ依頼者に事前に十分な説明と根回しをしてくれていたからであろう。

これで学んだのは、裁判官が自ら案件を解決するという気迫を示せば、代理人・当事者もそれなりに意気に感じてくれるということだ。もともと名古屋人には、清水義範氏が『尾張春風伝』(幻冬舎文庫)で描くところの、徳川吉宗と対抗して尾張藩を繁栄に導いた徳川宗春の善政の歴史の記憶からか、お上に対して好意的な心情がある。そうした土壌のもとに、当事者が厭戦気分となっていた時期にタイミングよく理由付きの遺産分割案を示したことが、難度の高い長期係属案件解決の要因であったと思う。

もっとも、うまくいく案件ばかりではないし、うまくいったと悦に入っていたものの、後で臍をかむ案件もある。

ブラジルの領事館経由の照会

遺産分割事件の当事者は、皆日本国内にいるとは限らない。ある遺産分割調停事件で、代襲相続人のAさんはブラジルに在住していた。他の相続人とは行き来はなく、正確な住所もわからない。したがって、関係書類の送達や期日呼び出しもできず、Aさん不出頭のまま手続が進行していた。

Aさん以外の相続人の間で、何とか遺産分割協議案が固まった。Aさんの取り分については、法定相続分を別枠で取り分けて預金しておこうということになった。これであれば、不公平ではなく、おそらくAさんも「イエス」の返事をするであろう。しかし、調停として成立させるためには、書面でAさんの意思を確認する必要がある。そのためには、Aさんの住所がわからなければ、手続が進まない。

そこで、どうしたものか担当書記官と相談して、ブラジルの日本領事館にAさんの住所を照会することにした。善は急げということで、ただちに家事審判官加藤新太郎名でブラジルの在外公館宛に照会文書を送った。その結果、二か月ほど経て、外務省の本省経由で名古屋家裁に回答が返ってきた。

それで目的は達したのであるが、添書きがあった。曰く、「これはイレギュラーな照会に対しての回答である。今回は受け付けたけれども、次回以降は最高裁判所を通じて照会するように」。これを見た私は、外務省はこんな事大主義的なことを言ってしょうがないなと担当書記官とともに笑った。もっとも、この回答のおかげで、Aさんの住所が判明し、所要の意思確認も完了して、めでたく調停は成立した。当事者、代理人にも感謝され、調停委員とも成功体験を分かち合った。

その後、私は、最高裁事務総局総務局付判事補となり、下級裁判所事務処理規則という最高裁判所規則を所管する部署で仕事をすることになった。この規則があることは知らないわけではないが、それまではほとんど見たことがなかった。あるとき、これを通読していたところ、何と、その二七条に「裁判所と外国に在る日本の官庁との間に文書を往復するには最高裁判所を経由しなければならない」という定めがあることを発見した。「あっ！ 件の添え書きは、このことだった」と気づき、頭を掻いた。

裁判官としては、下級裁判所事務処理規則を知らずに直に在外公館に照会したのは恥ずべき間違いであった。それを例外的に、差し戻さずに取り扱ってくれた領事館と外務省本省の担当者は例外的に親切な対応をしてくれたのだ。それなのに、外務省はしょうがないと笑った自分は、二重に恥ずかしい。

私が外務官僚事大主義論に与してはいないのは、そうしたわけがある。

30　名古屋家裁のころ　その2

家事調停委員の先生方は、人格識見の優れた民間人であるが、いずれも親切で世話好きである。そうしたメンタリティの方々であるからこそ、家事調停が円滑に機能しているわけである。人脈も広い方揃いで、手持ちの縁談話はどっさりある。そうすると、事柄の必然として、家裁の裁判官が独身であると知ると、縁談を紹介しようとしてくれる。

名古屋家裁勤務当時の私は、妻帯し、二歳の娘もいたが、おそらく若々しく潑剌として見えたからであろう、調停委員の先生から、ほぼ必ず「判事さんはお一人ですか」と尋ねられた。現在では、こうしたプライベートな事柄を聞くことは、親しくならないとしないであろうし、そもそも縁談を世話するというカルチャーは危殆に瀕している。しかし、当時は、そうした質問の含意は相互了解できていたため、そう聞かれることは内心満更でもなかった。

しかし、さすがにたび重なると嬉しい悲鳴で、新しく接する調停委員の先生からの質問をやんわりと封じたいものと考え、一策を講じた。家族写真を裁判官室に掲げることにしたのである。これは、効果的で、「かわいいお嬢さんですね」というお世辞を言ってもらえるようになった。四〇年間に及んだ裁判官生活の中で、裁判官室に家族写真を置いていたのは、この時期だけである。

調停委員に届いた謝礼

ある困難な遺産分割の家事調停事件があった。多数の相続人がいて、調停委員が意向の調整を懇切に進めていたが、Aがこの方向でいいということになると、Bがダメと言い、A・BがOKとなると、Cがソッポを向くという具合に紛糾と漂流を続けた。そこを、時間をかけて、法律問題と感情問題を整理し、弁護士を代理人につけていないグループの相続人にも納得のいく公平な分割案ができ、無事に調停が成立した。弁護士の付いていない当事者たちは調停委員に対して、「調停委員さんに酷いことを言ってすみませんでした。本当にありがとうございました」と大喜びであった。

その調停成立の翌週の日曜日の朝、女性調停委員の甲さんが新聞受けを見ると、白封筒が入っている。見ると、件の弁護士のいない相続人ら連名の礼状と現金一〇万円が入っていた。甲さんは、翌日急いで家裁に届け、当然のことながら、裁判所書記官から、当事者らに返却された。

私のところにも、甲さんが報告に来られたが、「裁判官宛てには何も来てはいないですよ」と笑いあった。この調停委員会を構成した男性調停委員の乙さんにも何も来ていなかった。乙さんは、「私も説得に相つとめたのですが、それほどには感謝されなかったんでしょうね」と冗談で返した。

もちろん、調停事件の当事者が調停委員に現金や物でお礼をするという事態はあり得ない。後にも先にも、こうした出来事は経験したことはない。これは昭和五〇年代前半のことで、その時期の一〇万円はかなり価値があった。弁護士のいない相続人らが、よほどありがたいと思ったことは分かるが、調停委員である甲さんの自宅が彼女らに判明していたことは、今でいう個人情報保護の観点からは大いに問題が残る。そこで、この出来事以降、名古屋家裁の調停手続の説明文書には、一定の注意書きを入れることになった。
家庭裁判所には、家裁調査官という職層があり、家事事件における人間関係の調整や事実調査を担当する。家裁調査官が、人間関係諸科学の専門家として事件に関与することが、家裁の特色でもあり、その審理判断のクオリティを高める役割を果たしている。

娘の縁談成就のため戸籍訂正を求めた母親

誤っている戸籍を訂正してほしいという戸籍訂正申立事件があった。関係者が亡くなり全部別の戸籍に移しかえると戸籍が閉じられるが、その閉鎖戸籍に誤りがあるので訂正してほしいという申立てである。戸籍は身分関係を表示する基本となるものであるから、それが間違っていれば、関係人は訂正を申し立てることができる。

申立人は女性で、「自分の娘が適齢になり、お医者さんとの縁談が進んでいる。相手は堅い家なので、必ずこちらの家族関係を調べると思う。そういうときにこうした間違った戸籍の表示があるのは大変困るので直してほしい」というのが、申立ての理由であった。

どのような戸籍の表示かというと、申立人が一二歳の時に、父親のわからない子どもを生んで、その子どもは間もなく亡くなったという記載であった。申立人が言うには、「そのころ母親に私の弟か妹が生まれたが、生まれてすぐ死んだという記憶がある。それがどうした手違いか、このように誤った記載になってしまったのではないか」ということだった。

申立人の話は話として分からないではないし、一二歳の少女が出産するということは、戦前の話とはいえあまりないことであろう。一方で、我が国の戸籍はしっかりしたものという定評がある。しかし、昔の戸籍には、こうしたミスがないともいえないのか。そう考えて、家裁調査官の調査に廻した。二か月後に、家裁調査官の調査報告書が提出された。これを読んで驚愕した。戸籍の内容は真実であったのだ。

その家裁調査官は、亡くなった子どもを取り上げた産婆(現在は助産師)を突きとめ事情を聴いていた。その高齢の元産婆さん曰く、「自分が取り上げた赤ん坊がすぐ死んで、不審死として当時警察に取り調べられましたので、よく覚えています。赤子の父親が誰か、隣近所で噂されていました。自分も気の毒だと思いましたが、一二歳の娘さんが出産したことは間違いありません」。

この調査結果が真相であるとすれば、申立人は裁判所をだまそうとしたとんでもない人物である。しかし、けしからぬという気持ちよりも、むしろ、私は可哀そうに感じた。この申立人は四〇年前の不幸な出来事を忘れたいと願いながらも、ずっと心の奥底で気にし続けていたのであろう。そして、自分の娘に良い縁談がきたときに、すぐこのことを思い出した。閉鎖戸籍であるから、普通なら縁談の相手方がそこまで調べるとは思えない。しかし、「それを調べられたら大変だ。娘を幸せにしてやるために何とかしたい」と考えた挙句、この申立てをしたのであろう。

申立人のそれまでの過酷な人生、その痛切な思いに対して、安易には論評できない。「人間の業」とでもいうのか。

この案件は、申立代理人の弁護士に、調査結果を話し、それでも審判を求めるかどうか申立人の意向を再確認してもらった。しばらくして、この申立ては取り下げられて、終了した。

第4章

法律と理論を料理する

――高裁の裁判

31　エッセイ連載の反響とある和解

新年賀詞交歓会で法務省民事局のK課長から、「読んでますよ」と声をかけられた。彼は、司法研修所教官時代の教え子で、裁判所から法務省に出向して活躍中である。

K課長が読んでいると言うのは、わが東京高裁第二二民事部が出し、心ひそかに自信作と考えていた判決のことか。それに目を付けるとは、彼もできるようになったものだ。元教官として喜ばしい。誉めようとすると、「いえ、そんな判決ではなく、《「司法の小窓」から見た法と社会》(『会社法務A2Z』(第一法規)の連載)ですよ」。

「そんな判決」と言われるのは悲しいが、エッセイを読んでくれているのは少し嬉しい。感想を聞くと、上げたり下げたりで、流石に私の教え子だ。「オチをピシッと決めてほしいですね」などと厳しい注文をされ、「連載を一度も落としたことはないからね」と応酬して笑顔で別れる。

同じ会場で、旧知の企業法務の重鎮であるN氏を見かけ、挨拶する。司法研修所は、裁判官を企業に派遣して、そこで実際に仕事をして研修するシステムを持っている。N氏の会社にも裁判官の研修をお願いしたことがあり、その際随分お世話になった。そのN氏から、「読んでますよ」。今度は間違えることなく、《「司法の小窓」から見た法と社会》のことと分かり、「いや、お目にとめていただくほどのものではありません」と恐縮する。弁護士登録をされて以降超多忙のN氏も読者であると知り、エンカレッジされる。

裁判所広報の難しさ

《「司法の小窓」から見た法と社会》は、弁護士や裁判官など法律専門職も視野に入れているが、むしろ企業法務担当者をはじめ、一般読者向けの情報発信というコンセプトで始めたものだ。裁判所からの情報発信が必要な時代といわれながら、官庁広報の域を出ない現状を微力ながら何とかしたいという思いもないわけではないが、大層なものではない。

最高裁も広報誌『司法の窓』を刊行し、年二回(二〇一〇年以降年一回)各三万部ほど、あちこちに配布している。内容も一般向けに工夫されているが、裁判所の広報というのは、その性質上難しい面がある。例えば、「困ったことがあったら、どんどん裁判を利用してください」と言ったとして、そのこと自体は正しい呼びかけである。しかし、裁判所は、「困ったこと」のうち、法律を適用して解決することのできる事件しか扱うことができないから、万能の印象を与えるのは、誤りである。そこで、裁判所の広報は、制度の理解を促進するようなものにならざるを得ない。それは、いわばお勉強であるから、多くの場合面白さは犠牲になる。今求められているのは、律儀な広報と、さりげない情報発信であろう。

このエッセイが、どの程度読まれ、どのように受け止められているかは不明である。編集者が、「今回は、云々の理由でこう思いました」などと感想を言ってくれてもよさそうなものだが、何も言わない。しかし、文章中に歌詞を使いたいときには著作権に触れないよう助言やサポートをしてくれるから、注意深く読んでくれていることは間違いない。それでいて謙抑的な姿勢を保っているのは潔いというべきかもしれない。

別の法律雑誌の敏腕編集長のNさんから、連載開始時に、メールを頂戴したことがある。Nさんは、『会社法務A2Z』を個人購読しているのだ。曰く、「エッセイ、興味深く拝見しました。大変に面白い内容で、これまで弊社でこうした企画が実現していなかったことが、とても残念に思われてなりません。今後、この連載が、読者の皆様方から好評を博しますことを、心よりお祈り申し上げます」。

裁判官は、判決を出しても半分から褒められ、残りからは批判されることが習性になっている。それを、Nさんのように言ってもらうと、社交辞令も入っていることを留保しても、決して悪い気はしない。それどころか、N編集長に何か依頼されることがあれば、万難を排して応えてあげようという気持ちになる。

現役の司法修習生から、「読んでいます」と言われたこともある。何回かのエピソードについて具体的な印象を語っていたので、まんざらお世辞でもないであろう。若いのに見所がある。彼の法曹としての大成と他の勉強もしっかりするように祈って止まない。

和解室にあふれた笑い声

高い技術力を有する有名企業グループに属するA社が被告となった事件があり、毎回法務担当者のBさんが弁護士に同行していた。原告の請求のスジは芳しくなく、一審では敗訴していたが、A社にも感心しない対応がみられた。間に入った人物にだまされたという面もあったが、コンプライアンスの観点からは、適切でなく、A社の属する企業グループのステイタスを考えると、むしろまずい出来事と評価された。

裁判所は和解協議の中で、そう指摘したところ、A社の訴訟代理人はもとより、Bさんも真剣に受け止めた様子がみられた。期日に弁護士と同行する法務担当者には、いろいろな人がいるが、Bさんは事案をよく咀嚼していて、問題点も的確に把握しているように見受けられた。

このケースは、調整の末落ち着きのよいところで決着し、和解が成立した。和解条項を確認し、私が部屋から退出しようとしたとき、Bさんが立ち上がって言った。

「裁判長、私は、《「司法の小窓」から見た法と社会》を愛読しています。最後に、そのことを言いたいと思いまして」。

私は少し当惑したが、「それを知っていたら、あんなに厳しい言い方をしないで、もっと優しく言ったのに」と軽口で応えた。すると、和解室には笑い声が溢れ、穏やかな空気に充たされた。

Bさんは、和解の作法も心得ていた。和解協議の途中では、そのようなことはおくびにも出さず、最後に一言かけてくれたのだ。このことによって、Bさんは、「曲折はありましたが、A社としてこの和解を評価しています」という言外の思いも併せて伝えてくれたように思う。

裁判所は、訴訟の勝敗や和解の帰趨とは関係なく、有能な法務担当者を擁する会社を、それ自体として評価する。Bさんは、A社は訴訟に真摯に取り組み誠実に対応する会社であるという情報を毎回の期日同行により裁判所にさりげなく発信し続けたのである。

それ以降、配点される新件にA社の事件、A社の属する企業グループの事件はないか気にかけているが、見当たらない。予防司法に力を入れ、訴訟案件にはしないのであろう。

32　患者死亡後の投薬って何？

医療過誤訴訟は難件であるが、そもそも、医師に対して、治療にミスがあったと主張して訴訟を提起することが思いもよらなかった時代があった。医師にかかるときは、体の具合が悪いときであり、治るか治らないかは、患者の寿命と運だという認識が共有されていたからであろう。

それが、変化してきたのは、医療の高度化に伴い、昔ならとても助からない患者も救われるようになり、患者側の期待が飛躍的に高まったことが一因である。しかし、実際には、患者側の過大な期待と医療の現状にはギャップがあり、不首尾な結果は患者側に大きな不満を生む。もう一つは、患者側に、医師の説明をしっかり聞いたうえで、自分のことは自分で決めたいという自己決定権の意識が醸成されたことである。これがインフォームド・コンセントという考え方で、現在では、医療側が十分な情報を付与し、患者側が同意したうえで治療方針を決めるのが基本スタイルになっている。

さらに、背景的要因として、専門家の過誤に厳しいマスコミ報道など社会の空気がある。もちろん、問題事例がみられるから、報道されるのではあるが、「専門職に誤りなし」という専門職神話を崩壊させたことは間違いないであろう。

医療過誤訴訟の現在

医療過誤訴訟の難しさは、第一に、事実認定の難しさにある。患者側は、自らの体験や家族の見聞をもとに事実を主張することになるが、その認識が正確である保証はないことが多い。そもそも、全身麻酔をかけられている患者は手術室で起こった出来事を認識することはできない。

遺族は、手術前まで元気であった患者がなぜ命を落とすことになったのか、それを知りたいのである。東京地裁時代に、弁論準備手続の中で、死因を徹底的に解明すべく、大学病院の担当医師に映像データを示して二時間説明してもらったことがある。その結果、遺族が医師に落ち度はないと得心して訴えを取り下げて終了した。

第二に、事実経過の理解に専門的・医学的知見を必要とする点がある。裁判官には、医学的知識はないから、訴訟手続に専門的知見を導入する仕組みが必要であり、それが鑑定や専門委員制度である。

やはり東京地裁時代に、眼病で手術したものの失明した患者が大学病院の医師の責任を追及する訴訟を提起したケースを担当した。この案件では、提訴前に弁護士も患者と一緒に担当医師からその弁明を聞いているのに納得できずに提訴したという経過がみられた。

担当医師を尋問したところ、患者の疾患の重篤性から失明は避けられず、手術はダメもとで実施されたもので、その旨の説明も事前にしていることが明らかになった。そうなると、提訴前に医師の弁明を聞いている弁護士の理解能力が疑問になるが、専門性のカベというべきであろうか。もっとも、弁護士としては、依頼者である患者の希望を優先して、勝訴見込みは薄いにしても司法判断を仰ごうというスタンスをとったのかもしれない。いずれにしても、専門的・医学的知見を用いなければ案件の理解はおぼつかない。

医療過誤訴訟は、漸増していたが、平成一六年の地裁新受事件一〇八九件をピークにして、減少傾向にある。これはなぜであろうか。

一つには、医療側が、予期しない事態が発生したときの対応に配慮して、患者側に対する説明と慰謝に尽力していることが挙げられる。また、医療側に責任がありそうだと判断される案件については、面子にこだわることなく、提訴前に事故賠償保険金を支払うことが、従前より多くなっていると思う。訴訟上の和解にも、同様の傾向がある。

そうなると、一審判決としては、患者側が敗訴するケースが増える傾向が生じる。その中の少なからぬ案件は控訴される。このときの患者側の主観的な感情は、医師のミスで酷い目にあったうえに、裁判所もそれを理解せず、理不尽な判断がされたというものだ。気持ちは分からないでもないが、医療側は医療側で、一体どこまで付き合わされるのかという不満を抱いている。

控訴審としては、医療事故の原因は何か、医師の過失が肯定されるか、患者側に生じた結果と過失に因果関係があるかなどの論点についての一審の判断をレビューしていくことが、その役割になる。一審が棄却されたケースであっても、丹念に証拠をみていくと、本筋のところ以外に奇妙な点が見つかることがある。

露見した不誠実な医療

患者Aは、Y医師の病院を受診し、うつ病と診断され投薬治療を受けていたが、急性薬物中毒により死亡した。Aの母Xは、もともとAはうつ病などではなく、交際していた不良Bの指示で薬剤の処方を受け、Bに横流しをしていたが、自らも薬物依存に陥り、ついには多量に服用して死亡に至ったものと考えた。死体検案が行われ、Aからは致死量を超える薬物が検出された。YがAに処方した複数の薬剤には依存形成能があったが、検出薬物とは完全には一致していなかった。

Xは、Aの通院に気づいた時点で、Y医師に対し、Aの薬物不適切使用や大量服用による自殺未遂があったことを訴え、善処を求めたが、何ら対応しなかったと主張して、損害賠償訴訟を提起した。Y医師は、Xからの連絡があったことは認めたが、Aの自殺未遂の話は聞いてはいないと争った。

一審判決は、Y医師は、XからAの薬物の不適切使用を聞いた段階で、健康を害する可能性を念頭に置き、真偽の確認に努めることが望ましかったといえるが、Aの死亡について具体的予見可能性があったとはいえないから、Yには過失はないと判断して、Xの請求を棄却した。

Xの主張は、潜在的薬物依存傾向のあったAが、うつ病を装い、薬物処方を求めたのに対し、Yがそれを見抜けず、薬物投与を継続した結果、本物の薬物依存症に陥り、多量服用により死亡したという特異なものだ。事実を証明するハードルは高く、一審判決の大枠は維持せざるを得ないであろう。

ところが、Y病院のAのカルテをみると、Aが死亡した後の日に、二度ほど薬物を処方した旨の記載があった。これは紛れもなく虚偽である。弁解の余地はなく、Y病院が医療報酬の不正請求を常態としている医療機関であることが露見したのである。本件のYの過失には結びつかないにしても、誠実な医療が提供されていたか大きな疑問符が付く。見舞金を支払い幕引きをすることが考えられてよい。

控訴審の裁判官は、当事者双方にそのように告げ、このケースは和解で終了した。

33　重要証拠提出のタイミング

証券会社の担当者が顧客の株式を無断で売却したというクレームがみられる。民事訴訟にも登場するが、実際に無断売買の事実が認定されることは少ない。大手の証券会社であれば、関係書類が作成され、社内の正規の手続を経ているし、何よりも、担当者が刑事事件にもなるリスクを冒すことは想定しにくいからである。当事者の言い分が真っ向から対立する案件となるから、事実認定も評価も実に難しい。細部を押さえ、全体も眺めて、経験則から整合性を評価することが必要になる。「葉を見る、木を見る、森を見る」のである。

株式等の無断売買をめぐる人格訴訟

幼稚園の園長を務める七五歳の女性Aが、Y証券会社の担当者Bにより保有する株式・投資信託を無断で売却されたとして、Y社に対して損害賠償請求訴訟を提起した。このケースでは、株式等の売却金で別の投資信託が買われており、提訴の時点では、その投資信託は売却金を超える価値を有していた。Aは、自己名義になっている投資信託を売れば、従前の株式等を持ち続けていた状態よりも利益を得られた。しかし、それにもかかわらず、Aは、あくまで株式等の売却は自分の意思に基づかない無断売買であり、株式等の売却時の時価相当額の損害を被ったと主張したのである。

株式等の売却と別の投資信託の購入があったことにしておいた方が、金銭的には得であるのに、あえて弁護士に委任し、その報酬を払ってまで提訴するのであるから、Aには相応の覚悟がみられる。つまり、本件は、経済的利益を問題とする通常の商業訴訟ではなく、当事者としてスジを通したいという人格訴訟ということができる。Aは、提訴後死亡し、息子Xが訴訟を承継した。

いつ・誰が・どこで？　注文書作成の謎

本件では、「株式等の売却と別の投資信託の購入」に関する注文書が残っていた。この取引では不足金が生じ、Aの顧客口座のある銀行支店からY証券会社に振り込まれていた。取引・取引残高報告書が送られたが、A側は速やかにY社に抗議をしなかった。こうした中で、一審裁判所は、どのように事実を解明していったか。

本件注文書は、いつ、誰が、どこで作成したものかが、最大のポイントになる。注文書の日時欄には、「平成△年一月七日一五時二〇分」との記載があり、Bは、「その日時にAが自宅で記入したもの」と証言した。これに対し、Aは、「同日同時刻には幼稚園の園長室において来客甲と会っていたから、自宅で注文書に記入することは不可能である」と供述した。Y社は、自宅は幼稚園と近接しており、Aが一時自宅に帰っていた可能性があると反論した。

一審判決は、甲の証言・陳述書、甲のメール、幼稚園の日誌の記載、幼稚園教諭の陳述書などの関係証拠から、①Aは、同日同時刻には幼稚園の園長室にいた、②BはAとの間で具体的な訪問時間を約束していなかったから、Aが、職員会議が続行中に、来客甲を残して帰宅することは不自然であると認定した。Bの証言は、営業日誌、運転日報など、同日同時刻にBがAを訪問したことを客観的に裏付ける証拠がなく、Bの説明に変遷がみられることから、信用できないと評価した。

注文書の記載をみると、Aの役職名は園長であるのに、「副園長」となっていたが、これはおかしい。筆跡に関する私鑑定では、口座開設時の申込書と本件注文書との筆跡は異なっている可能性があると報告されている。

不足金をY社に振り込むことは、Aにも、Bやその協力者にもできた。無断売買であるなら不足金を発生させないように仕組むことができたとのY社の主張は、当時の株価動向から不足金の発生をBが予測しなかった可能性があるから、主張の前提を欠く。取引・取引残高報告書が送られた後、速やかにY社に抗議がされなかったのはその確認が遅れたため、というAの供述に不自然・不合理はない。

Bには、当時別の投資信託を販売する強い動機があり、発覚時のリスクが甚大であるからといって無断売買をしないとはいいきれない。一審判決は、以上のような事実と評価を総合し、本件取引はAの意思に基づかない無断売買であるとして、Xの請求を認容した。

控訴審でようやく提出された契約当日の運転日報

Y社は、控訴したが、この時点でも、購入された投資信託を清算すれば、認容額を上回っていた。つまり、Y社にとっても、本件は、経済的利害の問題ではなく、「無断売却などするはずがないし、現にしていない」という言い分を何としても裁判所に認めてもらわなければ自らの存立基盤に関わるという人格訴訟になっていたわけである。

Y社は、控訴審の第二回口頭弁論期日において、新たに、平成△年一月七日当日の営業日誌、運転日報を証拠として提出した。一審判決が、同日同時刻にBがAを訪問したことの客観的な裏付け証拠がないと指摘したことを、リカバーするものである。とりわけ、契約当日の運転日報には、当日の午前一一時二〇分と午後三時二〇分の二回にわたってAの自宅を訪問した旨の記載があり、一気に形勢を逆転する最重要証拠とみられる。

それではどうして、このように重要な契約当日の営業日誌、運転日報が一審で提出されなかったのか。しかも、一審では、弁論準備手続に付されて争点および証拠の整理がされているのであるから、最良証拠である契約当日の運転日報等を提出しないのは奇妙である。

そこで、控訴審裁判官は、控訴審段階でこれらの証拠が提出されたことの理由の説明を求めた。Y社の訴訟代理人は、これに対し、依頼者である証券会社の内部資料は極力証拠提出を控えたいという方針に従ったため、一審では提出しなかったと説明した。

確かに、一般論として会社の内部資料を証拠とすることを控えたいという意向は分からないではない。しかし、まさしく当日の取引の成否が争点となっている案件で、枢要な証拠の提出を控えるのは本末転倒というべきである。しかも、一審段階でも、別の日の運転日報は証拠として提出されていたのであるから、その点からも、Y社訴訟代理人の説明は納得しがたい。

控訴審裁判官は、そのように告げて、一審判決を前提とする和解を勧告した。

和解手続の途中で、Y社は控訴を取り下げ、本件はそれで幕を閉じた。控訴を取り下げたのは、Y社においてBに対する内部調査を再開し、本件に勝機はないと考えたことに由来するように見受けられた。

34 審級により結論が異なるのはなぜ？

金融商品を購入した顧客からの損害賠償請求ケースは、近時、増加している。顧客は法人であることも、個人であることもある。金融商品もシンプルなものから複雑なものまでさまざまである。適合性原則違反や説明義務違反の有無が争点となることが多いが、上告審で控訴審判決が破棄されたり、控訴審で一審判決の結論が変更されることも少なくない。裁判所により判断が異なるのは、ルール形成が進行中であることと、事実認定において微妙なケースがあることによる。

金利スワップ取引の説明範囲は？

上告審で控訴審判決が破棄されたものに、「銀行と顧客企業との間で、変動金利が上昇した際のリスクヘッジのため、同一通貨間で、一定の想定元本、取引期間等を設定し、固定金利と変動金利を交換してその差額を決済するという金利スワップ取引に係る契約を締結した際に銀行に説明義務違反があったとはいえないとされた事例」がある(最判平成二五年三月七日判時二一八五号六四頁)。これは、①当該金利スワップ取引が、将来の金利変動の予測が当たるか否かのみによって結果の有利不利が左右される基本的な構造や原理自体が単純な仕組みのものであって、企業経営者であれば、その理解が一般に困難なものではないこと、②銀行は、顧客に対し、取引の基本的な仕組み等を説明し、変動金利が一定の利率を上回らなければ、融資における金利の支払いよりも多額の金利を支払うリスクがある旨を説明していること、③契約の締結に先立ち銀行が説明のために顧客に交付した書面には、契約が銀行の承諾なしに中途解約をすることができないものであることに加え、銀行の承諾を得て中途解約をする場合には顧客が清算金の支払義務を負う可能性があることが明示されていたことが考慮され、契約締結の際、銀行が、顧客に対し、中途解約時の清算金の具体的な算定方法等について十分な説明をしなかったとしても、銀行に説明義務違反があったということはできないと判断したのである。

このケースは、事例判例ではあるが、企業経営者にとって理解が困難なものではない金利スワップ取引の説明の範囲についてのルールを形成したものといえる。

一審と控訴審で異なる判決

銀行の従業員が顧客に仕組債の購入勧誘をした場合における適合性原則違反・説明義務違反の有無が争点となり、控訴審で一審判決を取消し、請求を棄却したケースもみられる。この案件は、何故そのような経過をたどったのか。

Xは、A証券会社が販売するB社発行の仕組債をY銀行の媒介により、一億円で購入した。この仕組債は、約定の観測期間(三年)内にノックイン事由(日経平均株価が当初価格の五〇%を下回ること)が発生しない場合には、購入金額が保証され、満期に額面額が償還されるのに対し、ノックイン事由が発生した場合には、満期償還額は日経平均株価に連動するというもので、本件では、五五七九万円余しか償還されなかった。そこで、Xは、本件仕組債の販売に当たりA・Yの担当者が共同して不実告知を行い、適合性原則違反、説明義務違反の不法行為を行ったとして、A・Yに対して損害賠償請求訴訟を提起した。

一審判決は、「顧客Xに仕組債の購入を勧誘したY銀行の従業員の行為は、適合性の原則に著しく逸脱した証券取引の勧誘であり、かつ、説明義務違反も認められるから、Y銀行は、従業員の使用者として責任を免れない」としてYに対する請求を認容し、XのAに対する請求については、勧誘時に担当者の同席なしとの事実認定により請求を棄却した(東京地判平成二二年九月三〇日金判一三六九号四四頁)。これに対し、控訴審判決は、適合性原則違反、説明義務違反を認めず、XのYに対する請求を棄却した(東京高判平成二三年一一月九日判時二一三六号三八頁)。

精度の高い事実認定から導かれた結論

この違いは、どこから生じたものであろうか。

適合性原則違反について、一審判決は、Xは「中学校卒業後洋裁学校に通い、一七、八歳で結婚して、以後五〇年以上専業主婦として家事、育児に専念してきた者であり、自ら事業を営んだ経験はなく、当時七〇歳で、迅速かつ専門的な投資判断ができる状態ではなく、株式投資の経験もなかった」として、銀行は適合性原則に違反したと認めた。これに対して、控訴審判決は、Xは「いわゆる富裕層に属する者(四億五〇〇〇万円を超える現金・自宅及び賃貸用の不動産所有)であり、過去にも他銀行から元本割れの危険性のある投資信託商品を一億円分購入し、本件債券購入後も元本割れリスクがある円定期預金をした経験を有する」から、適合性原則違反はないと判断した。控訴審判決は、顧客の個別の事情をよりきめ細かく拾い上げて適合性原則の当てはめをした結果、評価を異にしたのである。

説明義務違反は、説明がされたか否かという事実の争いを前提とするから、Xの本人尋問とY銀行従業員の証言の信用性評価がポイントになる。Xは「担当者は、本件仕組債は『三年の定期預金と同じようなもの』と説明した」と主張していたが、本人尋問では、「担当者から『定期預金と言われた』」旨供述した。担当者が「定期預金と同じようなもの」と言うのは安全性の比喩であるが、「定期預金」と言ったとすれば、それは虚偽であるから、その意味合いはまったく異なる。さらに、Xは、商品概要説明書など都合の悪い書証についてはほとんど記憶がないと供述した。これでは、Xの本人尋問の結果は信用性が乏しいと評価されてもやむを得ない。

これに対し、Y銀行従業員の証言は不自然な点はなく、関係証拠との整合性もみられるので、相対的に信用性ありと評価された。

そこで、控訴審判決は、銀行の従業員が顧客に本件仕組債の購入勧誘をする場合には、顧客の自己決定権を保障するため、①投資商品であり預金ではないこと、②ノックイン事由発生の可能性、③元本割れの可能性のほか、④満期まで保有することを原則とする商品であり途中解約はできないこと、などの説明義務があるが、本件事実関係の下においては、銀行の従業員は説明義務を尽くしていると判断した。

このケースでは、一審判決との結論の差異は、人証の証拠評価に基づく事実認定の精度の違いに由来するものであったということができるであろう。

35　食い違う時価・賃料の鑑定

不動産の適正価額や適正賃料いかんが唯一の争点となる民事訴訟がある。当事者の言い値の幅が調整できる範囲のものであれば、交渉で解決し、それ以上の紛争解決コストを発生させない。これが通常のビジネスセンスであるから、訴訟に登場するものは、難儀なケースになりがちである。

当事者の双方とも、不動産鑑定士による私鑑定意見書を用意しているのが常である。専門家の意見をもとに、自分の言い値を主張しているのであるから、それなりの根拠がある。しかし、その値がかけ離れていることが少なくない。専門家のする鑑定評価であるのに、どうしてここまで食い違うのか。

適正な不動産鑑定とは

不動産鑑定士が特定の土地の価格の鑑定を頼まれたときに、どのようにするか。先輩裁判官から、「その近辺の信用できそうな不動産屋を三軒くらい回り、値段を聞いて来て、平均額になるように鑑定手法を駆使して土地の値をつけるのが普通」と聞いたことがある。冗談半分に聞き流してよい話のようにも思うが、真面目な不動産鑑定士の方から、「極論すれば、そんなものかも知れない」とコメントされたことがある。不動産の価格形成要因にはさまざまなものがあり、具体的な価額とのつながりは簡単には説明しにくい。だから、理論倒れにならないよう、不動産屋の相場観を意識することはおかしなことではない。しかし、それに辻褄を合わせる形で鑑定手法を操作することがあるとすればおかしい。つまり、不動産鑑定の理論と手法の熟度の問題が背景にある。

不動産鑑定士の中立性という問題もある。毎日新聞大阪本社の敷地四三〇〇坪の敷地を売却し、新社屋建設と跡地の再開発を担当した吉原勇氏に『特命転勤　毎日新聞を救え！』(文藝春秋、二〇〇七年)という著書がある。この中で、生命保険会社が不動産を購入する場合には鑑定評価書を付けて大蔵省(当時)へ届け出る旨の行政指導があったが、「△△生命は不動産鑑定士を必死になって説得し、高く評価した鑑定書を作らせた」(同書一六二頁)という件《くだり》がある。生々しい描写だが、その真偽は不明である。ただ、鑑定を依頼する側の思惑に依拠して、不動産鑑定士の胸先三寸で数字が動く実態があるとすれば、裁判官としては、それも折り込んで鑑定書を読み解かなければならない。

異なる三つの鑑定額

地方自治体A市がJR△△線A駅の駅前広場の都市計画事業のため土地を収用した。収用委員会は独自に不動産鑑定士に依頼し、その意見書(A私鑑定)に基づき、補償金額を決定したが、土地所有者Bは、補償金額が安過ぎるとして、差額の支払いを請求した。

A私鑑定は、一平米七〇万円であるのに対し、土地所有者が提出したB私鑑定では、一平米一一五万円であった。どちらも、取引事例比較法、収益還元法、開発法など同じ鑑定手法を用いているが、専門家でも、一平米四五万円という差が生じるのである。どの手法に重点を置くか、取引事例比較法における事例のエリアの広狭、事例の数、個別修正の仕方など、差異の生じる要因は多数に上る。

このような場合には、当事者双方に、自分の言う価額の正当性について、主張と反論をしてもらうのであるが、結局、それぞれが依拠する私鑑定の優劣という問題になる。そこで、多くのケースでは、訴訟手続の中で正式の鑑定をする。

争点に決着をつけるために行うものであるから、双方の申請によることが通常で、結構高額になる鑑定費用の負担は折半する。鑑定人の人選にも気を配り、然るべき実績を有し、当事者双方が了解する専門家を依頼する。このケースでは、双方の意向を聴き地元A市の不動産鑑定士が選任された。出された正式鑑定の結果は、一平米八〇万円であった。A市はやむを得ないとしたが、Bは、その鑑定の不備をあれこれ指摘した。裁判所も、鑑定人に補充してもらいたい事項があるときには、追加鑑定書を求めることがあるが、そうでなければ、弁論を終結する。

判決では、追証可能といえないような結論を出している鑑定は別であるが、そうでない限り、正式鑑定の結果が採用されることが多い。自己の主張と鑑定結果との乖離が大きな側の当事者は、「判断を鑑定人に丸投げしている」と批判するが、専門的知見を導入するために鑑定を採用した非専門家の裁判官が、鑑定の当否を細部にわたり点検することには限界がある。このケースでも、一平米八〇万円として、その差額の補償金額が認められた。

A市は、判決言渡し後、Bに対し遅延損害金とともに差額を支払った。これに対し、Bは控訴し、鑑定結果は誤りでB私鑑定が正しいと論陣を張り、再度の鑑定申請をした。不服部分の主張については、A市の反論をまって判断すれば足りる。悩ましいのは、再度の鑑定申請である。A市は、これが許されれば、Bは自分を勝たせる鑑定結果を得るまで訴訟を続けることができるに等しいと反発した。A市の言い分はもっともであろう。控訴審で再度の鑑定申請は採用されずBの控訴は棄却された。

和解に導いたセカンド・オピニオン

X社は、都心の一等地の商業ビルを建設・所有し、一棟丸ごとY社に賃貸している。この転貸借契約は、昭和四六年に月額賃料一〇〇〇万円余で始まり、以来何度も賃料を増額し、平成一七年には月額賃料二六〇〇万となったが、X社は近隣相場よりも安いと考えていた。そこで、X社は、平成一八年以降の賃料を増額する交渉を開始し、正規の増額請求、民事調停を経て、増額請求訴訟を提起した。Y社は、増額提案を一蹴するのではなく、いわば条件闘争を展開し、自己が相当と考える賃料額と支払賃料額との差額を供託していた。

このケースの難しさは、平成一八年から現在までの賃料額を適宜な時期に区切り、段階的に考えていくことが求められている点にあった。X・Y両社は、例によってそれぞれ不動産鑑定士の私鑑定意見書を得て、その主張の根拠としている。ここでも、正式の鑑定(甲鑑定)がされ、その結果に基づいて、一審判決が下された。

Y社は、セカンド・オピニオン的な別の私鑑定意見書(乙意見書)を付して、控訴した。乙意見書は、出来がよく、甲鑑定の比較賃借事例の選定の不相当性について説得的に指摘した。それは瑕僅であったが、甲鑑定の明晰性が、逆に乙意見書の見解の優越性を浮き彫りにするものになっていた。専門家同士の議論は、こうあるべきだ。

控訴審としても、それは無視できず、双方訴訟代理人の適切な見通しもあいまって、一審判決を微調整する形で和解が成立した。

36 書面の遅れと裁判官の心証

「明日、口頭弁論期日が予定されている医療訴訟の控訴答弁書がまだ提出されていませんが、一体どうなっているのですか」。

主任裁判官が、度々電話で弁護士に催促していたが、その都度「もう少しかかりますが、至急提出します」という返事で待ちぼうけを食わされていた案件である。

民事訴訟で提出すべき書面が、さまざまな理由により遅れることはあるが、それにしても、期日の前日になっても届いていないのは異常事態である。控訴状を提出し、控訴提起はしたものの、控訴理由書を作成できなかった（作成しなかった）というケースは稀にある。これは当事者が諦めていることがほとんどで、和解を狙っているのである。

しかし、主任裁判官が電話している医療訴訟事件では、東京高裁管内地裁の支部が一審裁判所であり、患者Aの遺族が、医療側を被告として損害賠償請求をし、一部認容の判決を勝ち取っている。せっかく勝訴しているのであるから、諦めているとは思えない。

事案の中身をみると、出血性胃潰瘍と診断され治療を受けていたAが、三年後に末期がんと診断され、その一年半後に死亡した。遺族は、医師Bが適切な検査をすることを怠って、約二年半もの間胃がんを見落とし、適切な治療をしないまま胃がんを進行させたためAを死亡させたと主張した。争点は、BはAの胃がんをいつ発見することができたか、その発見の遅れは検査義務違反と評価することができるか、であった。

事実関係からすると、胃潰瘍で通院していたAに胃がんが発見されたら、末期がんだというのであるから、遺族として、何とかならなかったのかという思いを抱くことは理解できる。しかし、医師Bも生検(バイオプシー)をしている。つまり、どの時期のどのような検査をしていれば胃がんを発見できたか、何をもって遅れたというのかは、胃がん発症の時期と進行のスピードと関連してくる。それを考えると、医療機関側が本件で民事責任を負うか否かは、かなり微妙である。

医療機関側は、Aの通院・治療態度を問題にした。Aは酒好きで、出血性胃潰瘍で入院する前も、退院してから胃がんで再入院するまでの間も、一日七合を超える日本酒を飲酒していた。また、喫煙を控えず、薬の服用も不定期であったことが胃潰瘍からの出血を長引かせ、Bが複数箇所の生検を控える一因となった旨主張したのである。

こうした攻防のすえ、一審判決は、胃がんの発見の遅れはBの検査義務違反であるとする一方、Aの通院・治療態度に着目して損害につき三割の過失相殺をした。これに対して、医療機関側が控訴し、患者遺族側は附帯控訴をした。

説得的な控訴理由書と裁判官の心証への影響

医療側訴訟代理人は、どのような控訴理由書を提出したか。

一審の最終準備書面を漫然とコピーアンドペーストしたような控訴理由書では、控訴審裁判官の心を打たない。また、総花的な一審判決のアラ探しも上手くいかないことが多い。これに対して、一審で敗訴した側の弁護士が周到に敗因分析をした控訴理由書の中には見るべきものがある。一審判決の内在的論理を的確に押さえたうえで、どの点を突き崩せば判断が変わるのかを見極め、そこに焦点を当てた説得的な控訴理由書が提出されると、裁判官は、慎重に再考する必要があると構えることになる。

医療機関側の控訴理由書は、Aの胃がん発症後の進行速度についての医学文献に基づき一審判決の判断の揺らぎを突こうとするものであった。そのトーンも、判決書の細部の揚げ足取り的なところはなく、フェアな論述で、相応の説得力があるように受け止められた。

これに対して、患者遺族側は、附帯控訴状は提出したものの、控訴理由書についての反論の控訴答弁書を口頭弁論期日の前日になっても提出できていないのである。

裁判所は、こうした患者遺族側の弁護士の訴訟活動をどのようにみることになるか。

控訴審の裁判官が記録を検討する時期は、①口頭弁論期日指定をする段階、②控訴理由書が提出された段階、③答弁書が提出された段階、④期日の前に問題点と訴訟進行について合議する段階である。そして、その都度、暫定的なものから確定的なものへ心証が形成されていく。

このようなプロセスを前提にすると、書面が提出されない場合には、一方当事者の主張だけが裁判官の頭に残ることになる。それだけでも、書面提出の遅れは劣勢を招く。裁判官としては、それだけでなく、書面を提出しないのは、控訴理由書の論旨に反論できないということではないかとも思う。そうすると、控訴審として一審判決の結論の見直しが必要かもしれないという心証になり得る。したがって、患者遺族側は、一審で勝訴し、その余勢をかって控訴審でも有利に展開できるはずであるのに、控訴答弁書提出の遅れによって期日前に押されてしまっているのである。

自らを窮地に追いやる期限間際の書面の提出

このケースでは、期日前日、裁判官が退庁した後にファックスで控訴答弁書が送付された。朝一番で、裁判長と主任裁判官は、これを読み切り法廷に臨んだ。

控訴答弁書は、Ａの胃がんの進行速度に関する医学的知見につき、医学文献の示す試験管内の特殊条件下における実験結果と、生体内での実際の機序とは異なり得るから、医療機関側の推論には疑義があると反論した。実は、控訴裁判所も、医療機関側の控訴理由書に対して、このような反論が想定されるのではないかと合議していたのだ。この控訴答弁書は上手く応答している。

法廷で、裁判長は、患者遺族側の訴訟代理人に対し、なぜこのように控訴答弁書の提出が遅れたのか理由を質し、苦言を呈した。このケースの患者遺族側の訴訟代理人は、複数の法律事務所に属する弁護士らであったが、控訴答弁書作成担当の弁護士が体調を崩していたことが、大幅に書面提出が遅れた原因のようであった。

しかし、そうであったとしても、複数の弁護士が付いているのであるから、相談して適宜な時期に担当替えをすべきであった。胃がんの発見遅れという医療過誤事件で、書面提出の遅れによる勝敗逆転という弁護過誤が発生しかねなかったところである。

もっとも、曲折はあったが、このケースは、控訴裁判所が心証を開示し、双方納得の上、和解で解決した。

37 さまざまな売買トラブル

売買をめぐる民事紛争もいろいろである。深刻なものでは、中国の事業者が製造した冷凍食品を輸入した商社乙から仕入れていた食品販売会社甲が、冷凍食品への毒物混入が発覚したことで、仕入れた食品の廃棄等を余儀なくされ損害を被ったケースを扱ったことがある。

甲社も、乙社も、至ってまともな実績もある優良企業である。商社乙の不運は、中国の天洋食品の湖北省の工場で製造した冷凍食品を輸入していたことだ。そこで製造された毒入り冷凍餃子事件は、社会を震撼させた。厚生労働省も、いち早く天洋食品から輸入した製品すべてにつき販売中止を要請した。「食の絶対的安全・安心」が崩壊したといっても大げさではなく、当時は冷凍食品全体の売上が激減した。こうしたことから、甲社は、冷凍商品の廃棄・回収を余議なくされたが、自分には責任はないのであるから、売主の商社乙に損害のツケを回そうと考えることはおかしなことではない。相当な範囲内の損害の請求は正当な権利である。

一審判決は、売主である商社乙の瑕疵担保責任を認め、損賠賠償を命じた(東京地判平成二二年一二月二二日判時二一一八号五〇頁)。

商社乙は、その損害を賠償した場合には、天洋食品に求償することができることになる。また、こうしたリスクを分散するために保険をかけておくことも想定される。ところが、実際には、すでに天洋食品は廃業していて、そこから回収できる見込みはゼロである。さらに、こうした事故をカバーする保険はない。保険料が多額になりすぎて市場性のある保険としては組み立てられないからだという。

商社乙には、誠に気の毒な事情があるが、相当な範囲内の損害は負担せざるを得ないのがルールである。もっとも、控訴審では、双方の抱える事情を勘案して、和解で終了した。

説明不足か思い込みか、小さな誤解から訴訟に発展

これに対して、ありきたりの売買契約が訴訟になってしまうこともある。双方の小さな誤解の積み重ねや時の勢いで矛を収め損ねたことに原因がある。

Xは訪問介護や移動・行動援護サービスを提供する会社の従業員である。Yは自動車販売会社(ディーラー)である。Xは、自宅から会社までの通勤(片道約七〇キロメートル)と業務のために使用する日的で、Y社から電気自動車を購入した。Xは身障者であり、購入時には、会社の上司Aが同行していた。

この電気自動車は、カタログでは、二〇〇キロメートル充電なしで走行可能とされているが、冬場に暖房を使用すると片道の通勤にも充電が必要となる状態であった。暖房使用による走行距離への影響は、メーカーオプションの寒冷地仕様を付すことで緩和されるが、Y社の販売担当者のBは、その説明をしなかったとXは言う(この点は争いがある)。寒冷地仕様というと大仰であるが、電気自動車には、燃焼装置がないため、冬季向けに、ステアリングヒーター(ハンドル)、シートヒーター(シート)を付けることで、エアコンを使用せずに寒さしのぎになるオプションがあるのだ。

Bは、当然、寒冷地仕様のオプションについて説明する義務があったというのがXの言い分である。

Xは、Y社に対して、①航続距離について錯誤があり本件売買契約は無効である、②Bの説明義務違反は債務不履行である、と主張して、売買代金相当額の支払いを求めた。もっとも、Xは購入後一年半で四万六〇〇〇キロメートル以上走行している。いまさら、売買代金の返還を求めるのは虫のよすぎる話のようにも聞こえる。一審判決は、Xの請求を棄却した。

カタログには、「航続距離は二〇〇キロメートル。使い方によって大きく変わります」と記載されており、使用説明書には「航続可能距離を延ばす運転」の方法があれこれ解説されている。Xは、Bが「航続距離には問題ありません。通勤の往復だと、二〇〇キロメートルより短い一四〇キロメートルですから大丈夫です」と述べたので、これを信じて、本件契約を締結したと主張したが、購入して使用すればすぐに判明する事柄についてBが虚偽を述べることは考えにくい。

また、Aは、Bに対し、頻繁に本件自動車に関するメールを送信しているが、虚偽の説明をしたとの苦情を伝えた事実はない。そうすると、Bは、電気自動車の販売に当たり不適切な説明はしておらず、Xには、航続距離の錯誤はなかったと解される。

真相の解明と和解、解決の妙

本件では、提訴の半年前に、Xの代理人弁護士からの通知書に対し、Y社の代理人弁護士が内容証明郵便で回答している。寒冷地仕様について説明がなかったとのXらの言い分に対しての回答部分は、次のようなものだ。

Bは、XとAに価格表のメーカーオプション部分を見せて寒冷地仕様の説明を始めたところ、Aが

「もういいから」と説明を遮り、「ETCだけあればいい」と言った。Bがさらに「寒冷地仕様は後付けができません。ETCと寒冷地仕様を付けると△万円になります」と続けると、Aが再度「そんなのはいいから。Xの好きなディーラーオプションを付ければ」と言ったので、Xは、ディーラーオプションのカタログから、フォグランプなどを決めたという経緯であった。

Aは、部下で身障者のXを庇護してやろうという思いから、同行したのであろう。世話好きでお節介焼きであるが、せっかちな人物のようである。クレーマーというわけではない。

Y社側の弁護士が、Bに事情を聴取したうえで、内容証明郵便をもって回答していることは重みがある。このケースでは、Y社側の初動体制で勝負が決まったのである。

しかし、ディーラーとしては「お客様対応」により解決する方が好ましいように思われる。XとY社とは、今後も電気自動車のメンテナンス等で関係を持たざるを得ないからである。寒冷地仕様のオプションは、後付けができないとしても、身障者のXが冬場に寒い思いをしないですむような手立てはないものか。

控訴審裁判官がX・Y社双方の訴訟代理人にそう告げると、「解決金として若干の金銭を支払うよう会社に説得してもよい」、「シートヒーターはオートバックスで△万円以下の値で売っている」、「Xも、控訴棄却でゼロになるよりも、解決金をもらえればありがたい」という話になってきた。そこで和解が成立して、本件は幕を閉じた。

深刻な案件もそうでない案件も和解により歩み寄って解決することができれば、それに越したことはないが、いつも上手くいくとは限らない。

38 真っ当な案件か

裁判官がどのような事件を担当するかは、まったく偶然である。訴訟が提起された順番に、いくつかの部・係に一件ずつ配点されるのである。裁判官が一人の裁判所支部もあるが、その場合には、管内の出来事は、すべて自らの事件として顕在化することを覚悟している。

民事訴訟は、①まともな当事者のまともな案件、②まともな当事者のおかしな案件、③おかしな当事者のまともな案件、④おかしな当事者のおかしな案件に分類される。当事者と案件の真っ当性を弁護士が説得的に主張立証することが勝訴の要諦である。

本音を言えば、まともな当事者のまともな案件がありがたいし、数から言っても、これが多い。当事者が通常の社会人で、その行動も経験則に照らして合理的であり、行き違いや外部事情の変化でもめ事が生じるが、その解決の方向も自ずと明らかであるのが、①の案件である。

しかし、そうでない②ないし④の案件もある。原告の主張する法律論がおかしなケース、事実をねじ曲げ、証拠を作出するケースなどが、これである。また、原告の言い分は真っ当であるが、被告の対応がひどく、そのためおかしな案件になることも少なくない。

裁判官は、事件を先入観でみることはしないが、当事者の属性についてはじっくり観察している。おかしな当事者の典型は、いわゆる事件屋であり、その主張や証拠に翻弄されないよう注意する必要があるが、彼らは訴訟指揮には従う。これに対して、接遇困難な当事者は、訴訟指揮に従わず、手間と時間がかかるが、言い方が下手なだけで、言い分には聴くべきものがあることもある。それだけに気が抜けず、ストレスフルではあるが、淡々かつ粛々と進めるに越したことはない。

背景事情を理解することでクリアとなる案件

小企業のX社の代表者Aは、経理・税務関係の仕事のできるYに非常勤の監査役になってもらい、Yが何年間か税務申告をしていた。ところが、あるときX社に税務調査が入り、修正申告を余儀なくされたが、その際、X社は税理士に委任し相応の報酬を支払った。

AとYとの関係は、このことでギクシャクし、Yは監査役を辞任した。ところが、X社は、Yに対し、税理士に支払った報酬相当額を支払えという訴訟を提起して追い打ちをかけた。一方でYには、当該年度の交通費・日当の不払いがあるという言い分があった。

この紛争を理解するには、小さな会社では税理士資格はないが、経理・税務関係の仕事のできる人に、税務申告をしてもらう実態があるという認識が不可欠である。税理士法違反となることを避けるために、雇用保険料負担のないポストを与え、安価にその仕事をしてもらうのである。これは脱法的ではあるが、当事者が納得のうえで合意していれば、またこの人に相応のスキルがあれば、違法というまでもないというのが大方のコンセンサスである。

このケースも、その例であり、当事者の真っ当性は一応ストライクゾーンの範囲内といえる。しかし、X社が税理士に支払った報酬は、そもそも損害といえるのか疑問である。Yの税理士資格のないことを承知で、税務申告をしてもらう以上、首尾よくいかなかったときには、有資格者に依頼することは織り込み済みであったはずである。そのツケをYに廻すことが果たして正当化されるのか。

ところが、一審判決は、X社の請求を全部認容した。当然のことながら、Yは控訴した。

控訴審裁判官は考えた。一審の裁判官は、Yを無資格なのに税理士まがいのことをして荒稼ぎする、まともでない人物とみたフシがある。弁護士資格のない者の非弁活動と同じように評価したものであるが、背景事情についての理解が不足している。Yの日当はスーパーマーケットのレジ打ちパートの時間給といい勝負であった。しかも、基礎となる関係帳簿をXとYのいずれが作成するのかは、合意で決まるものであるのに、Yの債務であると決めつけていることもおかしい。そうすると、X社はせいぜい未払いの交通費・日当の支払いを拒むことはできるにしても、税理士への報酬は本来自己が負担すべきものでYに損害賠償請求することのできる根拠はない。

この案件は、X・Yいずれにも債権債務なしという、いわゆるゼロ和解で終了した。最終局面では、まともな当事者の案件であったことがクリアになったのである。

意外な展開をみせた「まともそうな」案件

これに対して、まともな当事者のまともな案件であると思われたものが、意外な展開をみせることもある。損益通算制度を利用した節税商品につき、要素の錯誤が否定されたケースが、これである（東京地判平成二四年八月二二日金法一九六四号一一九頁）。

資産家夫婦は、平成二年一〇月から同三年三月のかけての時期に、大手不動産業者から、賃貸用アパートの土地・建物を購入し、一括借上・保守契約を締結し、その購入資金を銀行から借り入れた。

ところが、損益通算制度は平成三年に改正され、想定していた節税効果を享受できなくなった。そこで、資産家夫婦は、錯誤により本件各契約は無効であると論陣を張り、支払った返済金の返還等を求めたのである。資産家夫婦は、至ってまともな人たちであると思われた。しかし、彼らは、本件契約締結以降、二〇年以上にわたり賃貸用アパートを経営し、利益を上げてきており、借入金の返済も続けてきた。全体として損をしたわけではない。それにもかかわらずこの時期に、本件のような理由で訴訟を提起するのは、おかしな話である。

控訴審で、資産家夫婦の本音は、銀行からの借入金返済の金利や返済期限をリスケジュールして欲しいということだと分かった。銀行は、夫婦の現在の資産の状況やキャッシュフローの状況からみて、現行の約定では返済は無理だという事情があれば、リスケも考えるという姿勢を示した。物の分かった柔軟で真っ当な対応である。裁判官は和解を勧告し、資産・収入を明らかにする書類の提示を求めた。銀行にリスケを検討してもらう以上、当然の配慮である。ところが、何と資産家夫婦は、口では和解を望んでいると言いながら、関係書類の提示を拒否したのである。その対応は、リスケは不要なほどの資産・収入があるとみられてもやむを得ないであろう。

資産家夫婦の訴訟は、法律論はともかく、実質論においては、無理スジであった。このケースは、まともな案件ではないことが露見した後、直ちに控訴棄却の判決が下された。上告は棄却され、上告受理申立ても不受理となり、請求棄却判決が確定した。

39　こだわり主張の顚末

当事者が自分の理屈にこだわり言い募るケースがある。訴訟代理人が付けば、言い分が通りそうかどうかくらいは助言するはずであるが、それでもこだわり主張を止めない場合がある。本人訴訟であれば、やむを得ないかもしれない。しかし、本人訴訟の中には弁護士が話を聞き勝ち目なしと考え受任してくれなかったものもあるだろう。

最終局面で和解協議を反故に

XY間の土地賃貸借契約の賃料を借主Yが六か月間不払をしたため、貸主Xが契約を解除し、土地の明渡しと未払賃料を請求した。この土地は、運送用自動車の駐車場として使用されていて、市街化調整区域内にある。当時の地目は田であった。

Yの言い分は、こうである。本件賃貸借契約は、土地上に一般貨物自動車運送事業の用に供する自動車修理工場を建築して事業のために利用することを目的とするもので、単なる駐車場利用に止まらなかった。Xは、Yが本件土地に自動車修理工場を建築することを承諾する義務があるのに、承諾しなかった。そこで、Yは、抗議のため賃料の支払いをしなかったのである。しかし、その後、滞納分も含め毎月賃料を供託している。

Xは、土地上に建物を建築したいとのYからの申出を断ったことは認めたが、本件賃貸借契約の目的は駐車場としての利用であったと主張した。

証拠の賃貸借契約書は「事業用借地権設定契約書」という表題である。Yが本件土地上に事業の用に供する建物を所有するという条項、事業の内容は一般貨物自動車運送事業、建物の概要は、自動車修理工場とする条項がある。したがって、Yの言い分がまったくおかしいわけではない。

しかし、本件土地の地目は田、現況が畑であり、市街化調整区域内にあるため、土地利用に関して法律上の制約がある。そこでXYは、契約締結後、本件土地について農地転用のための賃借権の設定につき、転用の目的を車輌置場として農地法上の許可の申請をし、県知事から許可された。これを受けて、Yは、本件土地に造成工事を施し、駐車場として利用してきたのである。造成工事には相応の費用をかけている。

こうした経緯からすると、本件賃貸借契約の目的は、当初の自動車修理工場利用ではなく、当面は駐車場利用に限定する旨の変更合意がされたと解される。リーガルな契約管理という観点からは、その旨を明示する賃貸借契約書を新たに作成しておくことが望ましかったといえる。

それは別にして、この事実関係を前提にすると、Xが本件土地への建物建築の申出をYから受けて、これを断ったとしても、この段階では理不尽ではない。これに反して、Yが土地賃貸借契約に基づいて駐車場として使用しながら、抗議の趣旨であるとして賃料の支払を拒むことは正当化されるものではない。したがって、Yの賃料六か月分の不払いは、本件賃貸借契約の当事者間の信頼関係を破壊する行為と評価されてもやむを得ないであろう。

Yとしては、当初の契約文言にこだわり、理は自分にあると思ったのであろうが、土地への建物建築を拒絶された後に、さらに協議を重ねることが必要であった。

一審では、Xが全面勝訴し、Yが控訴した。控訴審では、Yが農地転用のための造成工事には相応の費用をかけていること、滞納分も含め毎月賃料を供託していることなど実質面を考慮して、土地明渡しを避ける方向での和解案が、裁判所から提案された。

それは、賃貸借契約の目的を駐車場利用と明示し、滞納賃料を供託金還付により支払うことを骨子とする和解案であった。要するに、ボタンの掛け違いを是正して、双方とも新規にやり直しましょうという建設的な内容である。これは、Yにとっては控訴棄却の判決を受けるよりもはるかに有利なものであり、Xも了解したので、細部の調整に入った。

ところが、Yは、最終局面で、「当初構想の自動車修理工場の建設を認めてほしい」と言い出した。これは、何期日にも及んだ和解協議の積み重ねを反故にするものだ。Yの訴訟代理人も面目を失うことになるばかりか、Xとしても到底呑める内容ではない。

和解協議が決裂した後、裁判所は、控訴棄却の判決をした。Yはその後、Xに対し事業用借地権設定契約を履行しないという理由で、支出した造成工事費用と自動車修理工場ができなかったことによる逸失利益を損害として請求する別訴を提起したという。Yのこだわり主張は続いているのであるが、その前途は多難である。

滞納賃料を支払えば問題解決という思い込み

マンション居室の賃貸借契約の貸主Aは、借主Bが賃料を滞納したので、賃料不払いを理由として契約を解除したうえで未払い賃料を請求した。すると、Bは、慌てて滞納賃料プラスその月の賃料をA方に持参したので、Aは、これを受領した。Aは、その際、領収書を発行し、「ただし、賃料及び賃料相当損害金として」と記載した。

Bは、これで一安心と思っていたが、知人から「金銭支払いしたときにAに念書を書いてもらえばよかったのに」と言われ、不安になった。しばらくすると、この賃貸借契約を管理しているC会社から、「賃貸借契約の解除は有効です。いつ退去していただけますか」との通知が来た。その後、Aから、Bに対し、マンション居室の明渡請求訴訟が提起された。

Bは、「Aが滞納賃料とその月の賃料を受領したのであるから、引き続き居室を使ってよいと受け止めることは当然ではないか」と、こだわった。そこで、「AがBの持参した滞納賃料等を受領したことにより、契約解除の意思表示は撤回された」と主張して争った。本人訴訟だが、知人の弁護士に相談し、この理屈を考えてもらったのだ。これに対して、Aは「滞納賃料を受け取るのは当然であり、その月の賃料は賃料相当損害金として受領したものであるから、金銭を受領したからといって、契約解除撤回という黙示の意思表示とみるべきではない」と反論した。

黙示の意思表示の有無が争いとなる場面である。このケースでは、A発行の領収書にただし書きの記載があることは、Aの反論を裏付けるものになる。そうすると、滞納分が一か月かせいぜい二か月程度であればともかく、それ以上であれば、契約解除は有効であり、解除の撤回もなかったと判断されることになろう。Bとしては、経緯にこだわることなく、お願いベースで、何とか滞納を宥恕してもらうのが賢明であったのである。

40 ある日の高裁民事部

高裁の裁判官がどのように仕事をしているかは、「知る人ぞ知る」であろう。裁判官の繁忙度は、基本的には、新受事件の件数によるところが大きいが、事件の内容の複雑度や規模にもよる。高裁は、一つの部に、裁判長と陪席裁判官二人が属し、これが最小単位であるが、年度当初(四月)には、陪席裁判官が三、四人いて、年度中に異動していくパターンが多い。

東京高裁には平成二一年四月から勤務したが、当時の民事控訴事件の新受は年間六〇〇〇件台であった。ところが、平成二二年から、新受事件が急増し、八〇〇〇件台になった。このほかに、行政控訴事件は年間四〇〇件台の新受件数を数え、東京高裁が一審となる事件、上告審になる事件もあるうえ、各種抗告事件も受ける。民事部は二〇部あるから、単純計算で、最盛期には控訴事件に限っても、新受が各部平均年間三五〇件から四四六件に増えている。さらに、迅速審理が要請され、よほど効率的に仕事をしていかないと事件が滞留する。裁判官は鉢巻を締め、可処分時間の多くを執務に充てるのが通常である。幸いにも、平成二五年から、過払金返還請求を中心とした新受事件の大波は鎮まり、民事控訴事件は、七〇〇〇件台になっている。

以上は、マクロにみた東京高裁民事部の状況である。そこで、ミクロの観点から、ある日の民事部裁判長Aさんの動きに密着して、ドキュメンタリー風にみてみよう。

A裁判長の一日

この日、Aさんは朝九時すぎに登庁した。前日は、判決書起案を添削するため宅調(自宅で仕事をすること)をしたので、早々にこれをその事件の主任裁判官に渡した。判決の結論や理由の構成については合議済みであるので、細かな表現ぶりしか修正はない。主任裁判官は、さっそく直しに着手する。

前日は、非開廷日であるが和解期日が四件あった。裁判長が和解を担当することもあるが、通常は主任裁判官が受命裁判官として和解期日を運営する。そこで、Aさんは前日の結果を各裁判官に確認する。一件は和解成立、一件は打ち切り、二件は続行で次回期日には和解成立の見込みがある。和解打ち切りの案件について、その経過をやや詳しく聴き、判決言渡期日は既定の日で大丈夫かを確認すると、イエスという答えが返る。

この日は、開廷日で一〇件の口頭弁論期日が指定されている。午前は五件である。Aさんは、開廷前に、前日にようやく提出された書面に目を通す。答弁書に対する再反論の準備書面で、何とか間に合ったものである。

一〇時には二件期日が指定されている。この場合には、先に双方の訴訟代理人が顔を揃えた案件の方が先順位になる。

最初の事件は、損害賠償請求控訴事件である。日本の商社の子会社であるシンガポール法人Xにおいて、小麦輸出取引を担当する従業員Yが、職務に関連して、サイドビジネスを行い、X会社が得るべき金銭を横領したことを請求原因としている。Yは、既に懲戒解雇されており、本件は、横領した金銭をX社がYに対して請求しているのだ。Yは、一審で敗訴したが、控訴審でも、金員の不正取得そのものを争っている。所要の手続を行い、損害額に関してYの再反論を整理した準備書面を提出させることにして、続行する。次回終結予定であることを告げ、和解の可否の検討も宿題とする。

商社Xとしては、従業員に本来の職務に連動したサイドビジネスを組み立てられ上前をはねられたのであるから、由々しい不祥事であり、黒白をつけたい案件であろう。しかし、業務監査・監督体制のお粗末さを公文書である判決書で残すのも痛し痒しである。だから、相応の金額で和解的解決をしてもよいと考える余地はある。Yとしても、刑事訴追を避けるために、和解ができれば、それに越したことはない。X社・Yとも、弁護士の助言を受けて、和解の可否を真剣に検討するであろう。

二件目は、行政事件だ。事業者Xが、Y県に対し、知事が行った産業廃棄物処理施設設置許可申請の不許可処分の取消しと申請許可の義務付けを求めた案件である。県の廃棄物処理施設設置等専門委員会は、事業区域が水源涵養林に位置し、環境保全対策について特段の配慮が必要であるがXの計画では不十分との意見を付し、これを受けて県知事は上記処分をした。Xは、委員会の見解には誤りがあると主張したが、一審は敗訴した。

控訴審でも、三回目の口頭弁論期日である。Yの準備書面を陳述して、弁論終結し、判決言渡期日を指定する。

三件目は、一〇時半の指定。兄妹間の預かり金返還請求・慰謝料等請求控訴事件だ。本訴は、長男と長女が、両親の介護をしていた二女夫婦に対し、両親の資産を自分たちの生活のために使ったとして金銭請求した案件である。これに対して、二女夫婦は、反訴として、長男に対し介護の報酬を請求し、さらに、長男らが暴言を吐いたとして慰謝料も請求した。一審判決は、本訴を一部認容し、反訴を棄却したので、二女夫婦が控訴したものである。所要の手続を行い、弁論を終結し、判決言渡期日を指定したうえで、和解を勧告する。主任裁判官が和解期日を指定して、協議していくことにする。

ここで、一旦裁判官室に戻り、主任裁判官が判決書を修正したものを点検して、OKを出す。

一一時にも二件事件を指定しており、四件目は、貸金等請求控訴事件である。金銭貸付時に土地建物の所有権移転登記がされており、譲渡担保と考えられるが、これも別件訴訟になっているという。紛争の全体像の整理をしたうえで、本件の判断をするのが相当であるので、弁論準備手続に付した。

五件目は、過払金返還請求の控訴事件である。双方の訴訟代理人が、遠路新潟から出てきているが、一審記録と控訴理由書・答弁書を検討する限り、結論も理由付けも変更する余地はない。弁論を終結して、一か月後に判決言渡期日を指定する。

裁判官室に戻ったのは、一一時半である。一二時前、込み合う前に庁舎内のソバ屋で昼食をとる。一五分ほどで、裁判官室に戻り、判決書に署名したり、別の期日の記録を読み進める。

午後は、一時一〇分に、六件の判決を言渡し、引き続き、午前と同様に五件の事件の審理に当たる。次の事件まで時間があれば、小まめに裁判官室に戻り、空き時間にできる仕事をする。

五時過ぎに送りの庁用車に乗り込み、気の張る開廷日の一日が終了する。自宅への持ち帰り仕事があるかは、その時々の状況による。

41 入札談合にどこまで迫るか

入札談合は、公共工事の入札に際し、競争に加わろうとする者が事前に相互に相談し、その中の一人が落札できるよう約束するものである。談合は、日本的な相互扶助だとする擁護論もあるが、競争入札を反故にし、結果として公共工事の高コスト化を招く違法な行為だ。ただし、民事訴訟や行政訴訟において、業者間でされた公共工事の談合入札の事実を立証することは至難の業である。関与者が、証拠を残さないよう腐心していることが多いからだ。

そうしたことから、談合を問題とするケースでは、公正取引委員会の審判手続による審決や刑事手続が先行しているものがほとんどである。しかし、住民らが、情報公開などの手段によって得た地方自治体の発注した公共工事の資料を収集・分析し、事実を推理して談合を主張し、裁判所がこれを認めたケースもないわけではない。

市民の訴えで談合の事実が明らかに

その自治体では、前々町長の白井氏(仮名)が談合根絶を公約にして、さまざまな施策を採用して取り組んでいた。白井町長時代に談合根絶の実績は上がったが、地元業者による落札は激減した。ところが、黒田町長(仮名)に代わって以降、白井町長時代と比べて、発注工事の平均落札率(予定価格に対する落札価格の割合)が大きく上昇した。具体的には、平成△年度のA町発注工事の平均落札率は、九四・〇八％であり、白井町長時代と比較して一八・六五％上昇したのである。

地価高騰時に都心からA町に転入した住民らの有志が中心となって、これはおかしくはないかと調査に着手した。ボランティア・ベースの活動である。直接証拠はないから、情報公開手続で得た間接証拠または間接事実から談合の事実を推認することができるか、経験則を駆使して検討していく地道な作業が必要不可欠になる。

そして、住民らは、地方自治法に基づき、A町に対し、建設業者および黒田に損害金の支払いを請求するよう求める住民訴訟を提起した。その主張は、A町の平成△年度の発注工事のうち二二件の工事について、①入札に参加した建設業者六社が談合し、落札予定業者に高い価格で落札させた結果、A町に損害を生じさせ、②当時の町長黒田が、入札業者の指名権を濫用し談合を容易に実行できる指名業者の組み合わせをしたうえ、自らまたは職員を介して、設計価格や予定価格を建設業者に漏洩して談合を幇助したというものだ。

住民らとA町との間の訴訟であるが、名指しされた建設業者と黒田は、一審段階でA町に補助参加した。住民らは立証に苦労したが、見事奏功し、一審判決は、建設業者らの談合を認定し、建設業者六社に対してA町に損害金の支払いを請求することを命じた。しかし、黒田には予定価格を漏洩したという的確な証拠がないとされた。

これに対して、双方が控訴したが、控訴審は、談合の有無について、次の間接事実に着目した。

第一に、平成△年度には、建設業者中の最有力であるB社が、実施された六八件の公共工事のうち、三〇件の工事につき入札参加業者として指名され、うち一一件を落札し、同年のA町発注工事の入札におけるすべての入札指名業者の中で突出している。

第二に、地元業者でなく入札結果から談合には明らかに関与していないとみられる業者が入札に参加している場合とそうでない場合との関係業者の入札価格には顕著な差異がみられた。

第三に、建設課長が作成した執行依頼書に記載された設計価格に積算ミスがあったときに、関係業者に不可解な入札行動があった。

控訴審は、これらの間接事実から、二二件の工事について、談合を取り仕切るB社の意向に沿うように入札参加業者が指名され、または指名された入札参加業者名が知らされ、入札参加業者間で談合が行われて落札したものと推認した。もっとも、ここまでは一審判決を支持したにとどまる。

前町長の談合幇助を推認

難しいのは、黒田の談合幇助の事実の有無である。しかし、談合は、業者が予定落札価格を認識することができて初めて実効的なものとなる。だから、一審判決のように、業者間の談合の存在を認めながら、行政側の幇助を認めないのは、詰めを欠いた感がないわけではない。

実は、黒田はA町役場で建設課長をしていたことがあり、その時期には、B社の落札率は九九％以上で公共工事のほとんどを独占していた。しかし、B社は白井町長時代には、A町の公共工事の入札参加業者に指名されなくなっており、その後黒田が町長となるや公共工事の入札参加業者に多数回指名され、多くの工事を高い落札率で落札し、その工事件数は突出している。

控訴審は、これらの事実から、A町は入札参加業者を指名する際にB社を優遇していたものと推認し、それは黒田が町長であったことと関係があるとみることが経験則上相当であると考えた。

また、業者間の談合のメカニズムは、A町側が、談合を容易に実行しやすくなるように特定の業者を組み合わせて、これをB社に知らせたか、または最初からB社の意向を受けて入札参加業者の指名業者案を作成していたとしか説明することができない。それができたのは、町長の黒田以外にはいないから、黒田がそのように指名業者案を作成していたと推認することができる。

さらに、ある工事については、B社は予定価格を明らかに認識していたが、予定価格を決定するのも黒田であるから、黒田はB社に対し、自らまたは職員を介して予定価格を知らせたものと推認せざるを得ない。

そして、控訴審は、本件の入札談合はB社が取り仕切る構造的なものであることを考えると、特段の事情の認められない限り、談合がされた二二件の工事すべてについて黒田がこれを幇助した官製談合とみることが相当であると判断したのである(東京高判平成二三年三月二三日判時二一一六号三二頁)。したがって、建設業者だけでなく、黒田も不法行為に基づく損害賠償責任を負うことになり、A町に賠償しなければならない。

控訴審判決は、上告・上告受理の申立てがされたが、上告棄却・上告不受理とされ、確定した。談合を見過ごしてはならないという住民有志の手弁当の活動が、ここに実ったのである。

42　書面提出の遅れは致命的

民事裁判官は、訴訟事件だけで一〇〇件から二〇〇件、都会地ではそれ以上の手持ち事件があるのが通常だ。これを、訴状審査から始め、期日を指定し、双方から提出される準備書面を読み込み、法廷での口頭弁論期日、法廷外の弁論準備期日で提出された証拠を吟味し、証人尋問などを経て、和解を勧めるか、判決言渡しまで進めていくのである。

この基本的プロセスを経て、スピーディに結論を間違えることなく判決まで至るか、双方の当事者に一応の納得が得られる和解にこぎつけるためには、民事裁判官によほどの事務処理能力が求められる。だから、裁判官は、自分の可処分時間を、記録読み、法廷での審理、法廷外での弁論準備や和解の調整、判決書作成に、どのように配分するかに腐心する。うまくペースができると、気力も漲り、案件も円滑に廻り、仕事のクオリティもアップするという好循環になる。

裁判官は、案件を咀嚼するため丹念に記録を読み込みたい。まずもって、双方の主張と反論を押さえるため、準備書面に当たる。ところが、平成一〇年の現行民事訴訟法の施行前は、期日の当日に法廷でようやく準備書面が提出されるのが常態であった。そうすると、裁判所も、相手方弁護士も、その準備書面は初見であるから、それ以上には進めない。何のことはない、法廷で書面のやり取りをするだけで、後は次回期日をいつにするかを決めて終わるほかなかったのである。

現在では、弁護士から提出してもらう準備書面は、例えば、「次回期日の一週間前」と決めるという方法がとられている。多くの弁護士は提出期限を遵守するが、そうでない弁護士やそうでない場合も散見される。裁判所書記官は、催促の電話をするがその返事もないことがある。

弁護士には、約束した準備書面を仕上げるために依頼者から事情聴取を予定していたのに、すっぽかされたという事情があったかもしれない。あるいは、保全処分など別の緊急案件を受任したため、準備書面にまで手が回らなかったということや、上手く書くことができず、苦吟しているということもあろう。いずれにしても、弁護士が書面の提出期限を守れないのは相手方に対しても、裁判所に対しても、不誠実な対応と評せざるを得ないから、失点となることは覚悟すべきである。

口頭弁論期日や弁論準備期日が指定されている判決手続では、弁護士は、その期日を目安に書面を作成することができるが、決定手続では期日が開かれないことの方が多い。そうすると、他の差し迫った事務を優先することになりがちである。決定手続である民事抗告事件において、書面提出の遅れが、致命的な結果をもたらしたケースを経験したことがある。このエピソードを紹介しよう。

増改築したい借地人vs渋る地主

Xは、Yから借地をして建物を建築して居住している。Xは認知症の妻の介護をしているが、自分も老齢のため、疲弊していた。これを見かねた息子夫婦が同居して助けてくれることになり、借地期間も十数年残っているので、部屋数を増やすため建物の増改築をしようと考えた。しかし、地主のYは代替わりしていたこともあり、承諾を渋った。こうした場合には、借地上の建物の増改築の許可を裁判所に求めることができる。そこで、Xは、A弁護士に依頼して、その旨の借地非訟事件の申立てをしてもらったところ、首尾よくこれが許可された。この手続に並行して、増改築する建物の建築確認申請をし、これにもOKがでた。

ここまではよかったが、Yも反撃の挙に出た。B弁護士を代理人として、建築確認処分の取消しの裁決を求める行政手続上の不服申立てをするとともに、建物の増改築許可に対しても高裁に不服を申し立てたのである。抗告理由は、折しも建築確認申請が接道要件を欠くとして取消しの裁決がされたことを理由とするものであった。B弁護士は、疎明資料として建築確認処分取消裁決を添付しており、遺漏はない。

抗告審裁判所は、この民事抗告事件を受理した後、A弁護士が抗告事件も受任することを確認し委任状を提出させたうえで、抗告状・抗告理由書を送付した。そして、X側として抗告理由に反論するところがあれば、しかるべき時期までに書面を提出するようにとの連絡書面を同封した。これが、一〇月初旬のことである。

建築確認処分が取り消されたのであれば、建物の建築はできないから、裁判所が借地上の建物の増改築を許可することは意味がない。したがって、一審裁判所でした建物増改築許可も取り消すことが合理的ということになる。その意味では、抗告理由として的を射たものだ。しかし、行政手続の裁決に対しては国土交通大臣に再審査請求をすることができるし、確定しても行政訴訟により裁決取消しを請求することができる。つまりは、Xの対応いかんが勝敗の決め手になっている状況なのである。

裁判所は、A弁護士からの応答を待った。しかし、A弁護士からは反論書面も提出されず、状況を説明する上申書もファックス送信されず、電話連絡すらされなかった。控訴審の裁判官も、期日が指定される控訴事件の記録読み、判決書作成、和解などを優先し、抗告事件の処理を後回しにしがちになる。このケースの主任裁判官は、御用納めの日までに何の連絡もなかったので、年末年始に記録を読み返して、正月休み明けに決定をするよう準備した。そして、一月上旬のまだ控訴事件の審理が本格的にならない時期に、本件を合議して結論を固めた。

X側が抗告理由に対して何の応答もしないということは、建築確認処分取消裁決が出たため、これを考慮して建物を増改築することをあきらめたのではないかと推測される。したがって、抗告審としては、Y側の抗告を容れて、一審の増改築の許可を取り消す決定をすることが相当である。

ところが、抗告審決定後、A弁護士から、Xの反論の機会を奪ったことを理由に特別抗告の申立てがされた。実は、建築確認処分取消裁決に対して国土交通大臣に再審査請求しているともいう。

そうであれば、A弁護士はなぜ裁判所にその旨を伝えなかったのか不可解である。それができないほど繁忙であったのか、うっかりして書面提出を忘れていたのか。

裁判所にとっても寝耳に水である。しかし、この特別抗告が容れられることはなかった。A弁護士はXにどのように説明したのであろうか。

43 非上場株式の「公正な価格」

控訴事件だけでなく、抗告事件にも難件がある。株式の価格が争点となるケースは、東京高裁時代に難しく感じた事件群であった。

上場会社の株式買取価格決定に対する抗告事件(楽天対TBS)を経験したこともある(東京高決平成二二年七月七日判時二〇八七号三頁)し、非上場会社の同種事件を担当したこともある。

上場会社の株式価格は、市場株価という目安があるから、基準日をどのように解するかという問題はあるにしても、当事者の議論がまったく嚙み合わないことはない。これに対して、非上場会社の株式価格が争点となると、その困難さは格段のものになる。

非上場会社においても反対株主がした株式買取請求に係る株式買取価格決定申立事件に対する即時抗告の申立てがある。例えば、A社(上場会社)を株式交換完全親会社とし、Y社(非上場会社)を株式交換完全子会社とする株式交換に関し、Y社の普通株式二〇万株を有していた株主Xが、Y社に対して株式買取請求をしたところ、協議が整わなかったので、Xは株式買取価格決定の申立てをし、地裁の決定が出たが、Y社が不服として即時抗告を申し立てるようなケースがこれである。

裁判所が、その株式の価値を評価して、「公正な価格」を決めなければならない。この種の案件は、商事事件と呼ばれ、東京では、専門部である東京地裁民事八部が一手に取り扱う。商事部では、事象の特性に対応して蓄積された専門的知見に基づいて、相対的に質の高い審理・判断がされ、結論も他の同種事件とのバランスを考慮したものであることが多い。しかし、抗告審としては、当然のことながら、深い検討もなく商事部の判断にお墨付きを与えるだけでは、その存在意義が問われかねない。八部の「専門知」に対して、いわば「普遍知」を働かせて、高次の法規範形成に資する判断を示すのが、抗告審の役割というものであろう。

そこで、抗告審は、非上場会社の株式の価値の評価にも、頭に鉢巻を締めて取り組む。ところが、非上場株式の買取価格として主張される値段が、申立人と相手方とで、かけ離れたものになっていることが少なくない。一株当たりの価格が一ケタ違うことも稀ではない。問題の根深さは、それぞれが主張する価格が、いずれも専門家による私鑑定意見書を根拠にしていることに基づく。しかし、専門家のする株式価値の評価であるのに、どうしてここまで食い違うのか。

胸先三寸？ で決まる「評価」

非上場株式の評価手法には、インカム・アプローチ、マーケット・アプローチ、ネットアセット・アプローチがあり、それぞれメリットとデメリットがあるので、各評価手法による結果を比較・検討して、最終的に総合評価するのが一般的であるという。それぞれの評価の仕方はそれなりにわかるが、加重平均という総合評価に着地させるのをバランス感覚の妙技とみるか、評価者の胸先三寸で決まるとみるかは微妙ではないか。

裁判官としては、いずれの言い分の株式価格が相当かを検討し、合理的な裁量により評価手法を選択して「公正な価格」を判断することになる。まず、申立人と相手方との間で、主張する買取価格の正当性について議論を交わしてもらったうえで考える。しかし、それぞれが依拠する私鑑定意見書の前提とする評価要因や用いる数字が異なっているから、通常は収拾がつかない。

そこで、多くの場合に裁判官は、当事者に決定手続内での正式鑑定をすすめる。その場合には、争いに決着をつけることができるように、鑑定人の人選についても、当事者が一致してよしとする専門家に依頼するよう配慮する。また、鑑定の前提として、不確定要因となり得る事項を極力擦り合わせておくようにする。そうした段取りを経て、鑑定の結果、申立人と相手方との主張の中間で相当な価格が示されれば、その幅の中で、和解的解決に誘導することが可能になる。

問題は、鑑定の結果が申立人の主張価格を超えるものであった場合だ。理論的にはあり得るし、実際に経験したケースでもそのような鑑定がされていた。相手方は到底承服できないであろう。専門的知見を導入するために鑑定を採用した非専門家の裁判官が、鑑定意見の当否を検討することも至難である。八部の裁判官はこの鑑定の結論どおりに株式価格を決定した。

非上場株式の評価法に疎い抗告審裁判官としても手をこまねいているわけにはいかない。手がかりになったのは、日本公認会計士協会の「企業価値評価ガイドライン」(経営研究調査会研究報告第三二号)が、非上場株式の評価につき、「取引目的の評価」と「裁判目的の評価」とに分けて考えている点である。つまり、非上場株式の評価には、需要と供給に基づいて決まる「交換価値」と、買受人がいくらで買い取ることが妥当かにつき、立法趣旨・少数株主保護の観点から裁判所の判断で決まる「規範的価値」とがあるのだ。そうであれば、規範的価値の争いをどのように収束させていくかという判断枠組みを設定することができれば、和解的解決の見通しが出てくる。

このケースは、当該非上場株式の規範的価値を見いだすためには、どのような要素を考慮するのが相当かという問題と、Y社は現実にいかほどの買取金をどの時期にどのように支払うことが可能かという問題とに整理をして、双方代理人と協議を重ねていった。その結果、幸いにも落ち着きのよい和解ができた。しかし、これは率直にいって、双方代理人の力量に負うところが大きかった。

「公正な価格」の判断規範

そこで、「この次は、ぜひとも普遍知を働かせるようにしよう」と考えて、この種の案件を心待ちにしていたが、担当する機会はなかった。もちろん、非上場株式の評価の在り方という論点の重要性は不変である。

その後も、最高裁において、非上場会社における会社法七八五条一項に基づく株式買収請求がされ、裁判所が収益還元法を用いて株式の買取価格を決定する場合に、非流動性ディスカウント(当該会社の株式には市場性がないことを理由とする減価)を行うことはできないと判示する判例(最決平成二七年三月二六日民集六九巻二号三六五頁)が現れている。株式の規範的価値を見いだすためのルールを形成する判例であり、実務的な波及効は少なくない。こうした判例の積み重ねにより、裁判官は「公正な価格」の判断がしやすくなり、当事者の予測可能性も高まることになるのである。

第5章

在野の心得

——弁護士業のいろは

44 会社債務を保証した代表者の運命

義理のある先輩から借金の連帯保証を頼まれた。「決して迷惑をかけない。形式的なものだから何とかお願いしたい」と頭を下げる。

自分のところに頼んでくるのはよほどの事情と分かるし、恩義のある先輩の苦境を助けてあげたい。しかし、聞けば保証債務は多額である。このご時世だから、実際に債務を肩代わりすることも覚悟しないといけない。逡巡のあげく、「死んだ親父の遺言で、保証は我が家のご法度なので」と断る。これで、先輩との付き合いは途絶えるかもしれないが仕方がない。

しばらくして郷里の弟が、借金の連帯保証を頼んできた。今度は、「死んだ親父の遺言」は使えない。弟から「親父はそんなことを言ってなかったぞ」と反論されてしまうからだ。相談に応じ、借金の使途や返済計画を聞いてみることにしようかと考える。

保証契約法制の変遷

保証をめぐる人間模様は、このように大変厄介である。保証契約には、無償性、利他性、情誼性、軽率性などの特性があるといわれるが、自分にはメリットはないのに義理で連帯保証をしたところ、主債務と遅延損害金で膨れ上がってしまったというケースは少なくない。しかし、債権者は、連帯保証も当てにしているから、保証人に相応の責任を問うてくるのはこれまた当然である。

保証契約は、平成一六年民法改正により、書面作成を要件とする要式契約になった(民法四四六条二項)。そもそもわが国の保証契約は、民法上何ら方式の定めもなく、比較法的にも稀有のものであった。そのため、往々にして、安易な形で締結される保証を助長する危険があった。実際にも、バブル経済の崩壊に端を発して、巨額の保証債務が現実化する事態が頻発し、自己破産申立てが急増した。その背景には、九〇年代後半から、商工ローン会社が、銀行融資を受けることのできない破綻寸前の事業者をターゲットとし、保証人からの回収を企図した高利融資を大々的に展開し、大きな社会問題となっている状況があった。そうしたことから、保証の意思表示を慎重にさせる趣旨で、書面による保証契約の締結が要とされるようになったのである。

平成一七年三月三一日以前は契約書などの書面はなくとも、明示の意思表示が別の証拠で認定できれば、保証契約は有効であった。さらに、「保証する」と言葉に出していない場合にも、黙示の意思表示があったと認定されれば、保証契約の成立が認められたのである。こうしたケースでは、保証人と主債務者の密接な人的関係、保証人の貸付契約への積極的関与、保証人の保証責任を前提とする言動などの事実を立証していくことが求められていた。今後は、このような紛争はなくなっていく。

金融庁はその後「主要行等向けの総合的な監督指針」、「中小・地域金融機関向けの総合的な監督指針」を制定した。保証契約に関しては、契約時点における、①商品または取引の内容及びリスク等に係る説明、②契約締結の客観的合理的理由の説明、③契約の意思確認、④契約書等の書面の交付などの多項目にわたる金融行政監督の指針を定め、銀行に対する指導を行うようになった。これを遵守すれば、保証契約の意思形成における情報付与、意思表示の慎重性保証に加えて、保証意思確認が図れるから、金融機関との契約に関しては保証をめぐる紛争は減ることが期待される。

不自然な会社債務の保証

個人による保証に対して、経営者による会社債務の保証は局面を異にする。法人の有限責任を補う趣旨でオーナー経営者が会社の債務を保証することには一定の合理性があるからである。したがって、経営者が保証契約の成否や効力を争っても勝てないことが多かった。しかし、例外のない規則はない。

X社は、建物内装工事請負業A社の財務部門を法人化して設立され、A社を中核とするグループに属している。X社が、グループのB社に金員を貸し付け、B社の代表取締役であるYがこの貸付けに係るB社の借入金債務を保証した。その後、B社は事業を停止した。そこで、X社はYに対して保証債務履行請求訴訟を提起した。

通常であれば、問題なく、X社の請求が認容される事案のようにみえる。ところが、このケースには、次のような事情がみられた。

まず、B社は、A社と代表取締役を共通にするC社の支店を法人化し、同グループのD社が全額出資して設立された会社であった。B社設立後は、グループE社がB社の資金を掌握し、グループ各社が、B社との間で締結した経営顧問契約に基づき、B社の売上げから顧問料等の名目により確実に収入を得る体制が周到に築かれていた。

次に、B社の実態は、その業務遂行に関し代表取締役にはほとんど裁量の余地がなく、資金繰りを含め経営判断は、A社の代表取締役Z等に依存し、その指示に従わざるを得ない経営体制にあった。

一方、Yは、C社の支店に二三歳でアルバイトとして勤務を始め、B社が設立された際に同社の正社員になったという人物である。Yは正社員となったわずか数か月後に、近い将来B社の資金繰りが行き詰まるおそれがある状況の下で、強く働きかけられて代表取締役に就任した。しかし、勤務場所や勤務実態等に格別の変化はなく、単なる従業員とほとんど異ならない立場にあったのだ。

Yが代表取締役に就任後間もなくB社の資金繰りが行き詰まり、Zが全株式を保有するX社からB社は融資を受けた。この貸付けには、利息制限法所定の制限利率を超える利率による利息及び損害金の約定がされていた。Yは、融資に係る債務を保証するよう指示されたが、これを拒むことは事実上困難な事情があった。

要約すると、①X社側は実質的には財布を共通にするグループ会社間で金銭を融通し合い、B社の売上げから顧問料等の名目により確実に収入を得る形で利用しながら、資金繰りを行き詰まらせ、②短期間でアルバイトから正社員・代表取締役となった、従業員とほとんど異ならないYに、利息制限法違反の利率等を定めた金銭消費貸借契約の保証をさせたのである。X社側が一定の意図の下に、Yを嵌めていったという構図が見事に浮かび上がる。

判決は、X社の保証債務履行請求は権利濫用に当たるとして、請求を棄却した(最判平成二二年一月二九日判時二〇七一号三八頁)。Yの訴訟代理人の通り一遍でない熱心な主張立証が勝因であった。

45　名誉毀損の応酬という悲劇

ある地方都市の市長選に出馬を予定していたAさんは、全国紙B新聞の県内版で、市税を滞納している旨の記事を報道された。それは選挙告示の二日前で、投開票予定日の九日前のことであった。

Aさんは、過去に市税を滞納したことはあるが、現在は滞納してはいない。選挙戦の直前に、こんな記事が出されては、当選はおぼつかない。怒り心頭に発したAさんであるが、どうしたものか頭を抱えた。マスメディアに名誉を毀損される内容の記事を報道された場合、それが誤報であったとして、果たして、どのような手を打つことができるか。

Aさんは、考えた末、抗議のため、「B新聞の記者が取材することなく報道したもので選挙妨害記事である」旨のビラを日刊新聞各紙に約一万三〇〇〇部を折り込んで配布した。また、C弁護士に、B新聞支局長を名誉毀損罪で刑事告訴するよう委任した。C弁護士は、警察に告訴した後、記者会見を行い、「記事は、Aに対する取材が全くなく、根も葉もないものであり、市長選に立候補したAに対する妨害である」と発言した。

Aさんの憤激は理解できるが、B新聞社にも立場がある。「記者が取材していない」記事という決めつけは、報道機関としての根幹に関わる最大限のダメージを与えるものだ。そうした内容の折り込みビラを新聞購読者に大量に配布されているから、手をこまねいているわけにはいかないであろう。

一般に、大手新聞社が自身のした報道に対する批判を名誉毀損として損害賠償請求するのは、週刊誌等のマスコミに対してであることが多い。個人を相手にするのは極めて稀である。新聞記事に誤報記事を出されたと考える者の有効な対応策は限られるから、報道機関としては、相応の批判には謙抑的な対応をするのが普通なのだ。

しかし「記者が取材していない」のは真実ではなく、一部地域ではB新聞の購読取り止めという実害も生じた。B新聞社は、Aさんとの話し合いによる解決を模索したが、ラチがあかない。そこで、B新聞社は、Aさんに対し、抗議ビラ配布と記者会見が名誉毀損に当たるとして、一一〇〇万円の損害賠償を請求した。これに対して、Aさんは、本件記事こそが名誉毀損に当たるとして三六〇万円の損害賠償と謝罪文掲載を求める反訴を提起して全面的に争った。

誤解が生んだ誤報

審理の結果、報道された時にはAさん個人が市税を滞納している事実はないことは明らかになった。市税の滞納者という新聞記事は、市長選に立候補を予定していたAさんの社会的評価を低下させるものであるから、名誉毀損に当たる。それでは、Aさんが言うように、まったく取材がされずにこの記事が書かれたのか。どうも、それは違うようだ。

実際には、Aさんは、記者からの電話取材に応じていた。その際に、Aさんは、個人と法人とを区別しないまま税の滞納に関する質問に答えてしまった。Aさんは、自分の経営する会社が固定資産税を滞納していたため、「ほとんど払い終えたが、あと少しだけ残っている」と答えたのだ。そのため、記者はAさん個人に市税の滞納があると誤解して、報道されたのであった。

判例法理によれば、新聞記事により人の名誉を毀損した場合でも、記事の内容が真実であれば違法性を欠き、新聞社は責任を負わない。しかし、Aさん個人には市税滞納の事実はないのだから、この記事は誤報というほかない。

新聞記事が誤報であった場合でも、記者が誤解したことが無理もないという事情があれば、名誉毀損行為について故意または過失がないという評価がされ、やはり新聞社は責任を問われない。

そこで、本件のように、新聞記者の取材に対して取材対象者が自己に不利益な事実を回答した場合に、記者の側で、さらに裏付取材をしなければならないかどうかが問題になる。このような場合には、取材対象者本人が何か誤解して回答しているような事情があれば別として、そうでなければ、記者はその回答が真実であると受け止めるのは自然である。このケースであれば、Aさんが、個人と法人とを区別しないで質問に答えていることがうかがえなければ、二回電話取材をした記者がAさんの回答を信じたことは無理もないという評価になろう。そうすると、B新聞社は名誉毀損の責任を負わないことになる。

事実と異なるビラと会見

それでは、Aさんの対抗策は、どのように評価されるか。記者が取材することなく報道した選挙妨害記事である旨のビラの配布は、その内容が、真実ではないから、B新聞に対する名誉毀損に当たるといわざるを得ない。

C弁護士の記者会見における「根も葉もない記事」という発言は、どのように評価されるか。一審判決（東京地判平成二二年一二月一五日判時二一一七号一五頁）は、C弁護士の発言は、Aさんの意向を汲んで代理人として記者会見で発言したもので、B新聞社に対する名誉毀損に当たり、Aさんもこれを容認していたとして、Aさんの不法行為責任を肯定した（認容額は三三〇万円）。

しかし、弁護士が受任事件に関して記者会見をする場合には、記者会見を行うかどうか、その場の発言をどのようにするかなど、その職責に照らして、第一次的に弁護士としての独自の判断に基づいて対応すべきものである。そう考えると、C弁護士の発言もAさんの責任だとすることには疑問が残る。確かに、依頼者が、弁護士に対し意図的に虚偽の情報を提供するなどして、弁護士の判断を誤らせたような場合には、依頼者の責任は免れないであろう。しかし、そうでない場合にも、依頼者が、弁護士の行為について責任をとらなくてはならないのはおかしい。

本件では、Aさんは、C弁護士に告訴を委任したから、告訴に係る事実関係を説明し、打合せをしたことは間違いないが、意図的に虚偽の情報を提供したとまではいえない。そこで、控訴審判決は、弁護士と依頼者との適切な責任分担を図るという観点から、弁護士の記者会見における発言が第三者の名誉毀損に当たる場合には、弁護士固有の不法行為責任が問われるべきで、依頼者であるAさんに責任はないと判断した（東京高判平成二三年五月三〇日判時二一一七号六頁。認容額は二二〇万円）。

いずれにしても、Aさんとしては、記者の電話取材に対して、いま一つ慎重に対応すれば、避けることができた出来事であっただけに、残念な成り行きではあった。

46　できる弁護士のパフォーマンス

弁護士の力量は、煎じつめると、事案の見通しの適切さと依頼者に対する説得力に尽きると思う。裁判官は法壇から眺めているだけであるが、それでも、鮮やかな手際を見せ、よくできる弁護士だと感心することが、しばしばある。

そうしたエピソードをいくつか披露しよう。

先を読んだ控訴の取り下げ

医師とフリー・アナウンサーという人もうらやむ夫婦（一六歳の長男あり）の離婚請求訴訟があった。医師である夫からの離婚請求であるが、妻はこれを争っている。

離婚請求に応じない配偶者のタイプには、主観的には、①まだやり直せると考えていて、愛情も残っているタイプ（愛着残存型）、②愛情は残っていないが、離婚により生活が成り立たなくなることを心配しているタイプ（困窮懸念型）、③やり直せるとは考えていないが、相手の思い通りにさせてなるものかというタイプ（意地張り型）、などがある。これに、客観的にみて婚姻関係が破綻しているもの、破綻しているとはいえないもの、グレー・ゾーンのもの、という類型がクロスして、離婚請求訴訟において、さまざまな展開をみせる。

このケースで、夫は、妻からの威圧的・攻撃的・侮辱的発言が度を越し、言葉による虐待の域に達しており、そのため別居してから二年余を経過しており、婚姻関係は破綻していると主張した。

妻は、百歩譲ってもせいぜい口うるさいというレベルにしかすぎず、夫は婚姻後これまでもしばしば家を出ていくが、しばらくすると詫びを入れて戻ることを繰り返していて、今回はそれが長くなっているにすぎないと反論した。妻の応答からは、愛着残存型のように観察される。

一審判決は、未だ婚姻は破綻していないとして、夫の請求を棄却した。夫は、これを不服として控訴した。

夫の訴訟代理人である弁護士の控訴の意図は、和解をすることにあるように見受けられた。離婚は、当事者の気持ち次第であるから、適正額の財産分与をしたうえ、慰謝料でカバーし、養育料も十二分に手当してもらえば、一審で勝訴している配偶者でも、和解離婚に応じることは考えられ、そのような控訴戦術は不相当ではない。

本件でも、控訴審で和解が試みられたが、離婚しないという妻の意向は固く、二回ほどで打ち切りになった。すると、夫の訴訟代理人は、直ちに訴えを取り下げたのである。

夫は今回の別居はこれまでとは違い、もう戻らないと決意しているようだ。別居期間をさらに重ねた時期に、再度、離婚請求訴訟を提訴することになる。そのためには、ここで控訴棄却の判決が出されるよりは、訴え取下げをした方が得策である。夫の訴訟代理人は、そのように深慮遠謀をめぐらせ、賢明な助言をしたものと察せられた。

労組の当面の目的に適合した助言

ある不当労働行為救済申立棄却命令取消請求控訴事件が係属した。A社やその関連企業で働きアスベストにより被災した労働者、その遺族等を構成員とする労働組合分会Xは、A社に対して、過去のアスベスト被害およびその補償等に関して団体交渉を申し入れたが、二度にわたり拒否された。そこで、Xらは、甲県労働委員会に対し、団体交渉拒否が不当労働行為に当たるとして、同救済命令を申し立てた。県労委は救済命令を発した(初審命令)が、A社が中央労働委員会に対し再審査申立てをしたところ、中労委は初審命令を取り消し、Xらの救済命令申立てを棄却した。

Xらは、Y(国)に対し、不当労働行為救済申立棄却命令の取消を求めて提訴したが、一審では、これが棄却されたので、控訴したという経過である。

一審判決は、組合員が団交申入れ時に、「おとなしくしてりゃあ、お前らなめとるんか」と怒鳴ったり、「お前ら患者のことを考えたことがあるんか」と粗暴な脅迫的言辞を繰り返したこと等をもって、団交拒否に正当な理由があると判断した。中労委も同旨であるが、県労委では、こうした言動は社会的に許容されるものではないとしながら、アスベスト被害への強い不安と不信に根差すものであり、これをもって団交拒否の正当な理由にはならないと判断していた。

控訴審の裁判官は、第一回口頭弁論期日で、Xらに、今の時点で真摯に取り組むべきであるのは、アスベスト被害の補償問題に関する交渉そのものではないかと尋ねた。また、過去の団交拒否は粗暴な脅迫的言辞をもってする申入れに起因するものであり、穏やかな申入れに対しては団交に応じることになるはずであるから、本件控訴に時間と精力を傾注するよりも、新たに団交を申し入れ、それにエネルギーを注ぐ方が前向きではないかと意見を述べた。Xら訴訟代理人の弁護士は、それに対し、「検討する」と応答した。

Xらは、第二回口頭弁論期日の前に控訴取下書を提出した。これは、弁護士が、労働組合の当面する目的に適合する活動は何かについて、裁判官の指摘を踏まえて、依頼者である労働組合と協議・助言した結果と察せられる。

労使関係紛争は、面子と意地の張りあいとなり、目的から逸れても徹底的に争う破目に陥りがちであるが、弁護士の優れた見識をもって、その弊を免れたケースであると評価できる顚末であった。

真相を見抜いた指導的助言

夫が離婚本訴請求、妻が反訴請求をしている事件で、一審判決は、離婚請求を認め、婚姻破綻の原因は妻の夫に対する暴力的振る舞いと感情的かつ一方的に非難する言動にあったとして妻に対し慰謝料一〇〇万円、財産分与一三〇万円の支払いを命じた。

妻は控訴し、控訴審では、結婚前に夫から性的暴行を受け、結婚後はDV被害に遇い、重度のPTSDに罹患したという主張を始めた。

妻が弁護士甲に渡した第三者の作成した陳述書が偽造であったことが発覚し、控訴審係属中に甲は辞任した。その後に受任した乙は、DVに造詣が深い女性弁護士で、医師の意見書を証拠提出したうえ、証人尋問申請をするなど新規まき直しの態勢を組んだ。

控訴審の裁判官は、口頭弁論期日において、これまでの経過と弁護士甲が辞任するに至った事情と理由を丁寧に説明し、夫側の弁護士も、乙からの疑問点に誠実に応えた。裁判官は、PTSDについて証人尋問をするような案件ではないという見方を示して、早急に和解をすることを勧めた。

妻の弁護士乙は、口頭弁論期日のやり取りから、このケースの実相を見抜いた。そのうえで、妻を強く指導・助言して、見事に和解に導いた。よくできる弁護士は、決して、依頼者に振り回されることはないのである。

47 士業の振る舞い

民事のもめごとは、人が起こすものであるから、どのような属性の人の、どのような状況での振る舞いがきっかけとなったかを見ておくことは大切である。民事訴訟にまで至っている場合には、なおさらである。

「あなたはいったい何様」ケース

甲が代表者であるY社は、小さな三階建てのビルの三階部分(四八平米)をオーナーのXから賃借し、ファイナンシャルプランニングの業務をする事務所として使っている。Y社とXとの建物居室賃貸借契約は、不動産業者のAが仲介した。

ビルは、平成五年の建築で、震災の影響で土台にヒビが入り、危険な状態になっている。しかし、補修では対応は難しいことから、Xはビルを取り壊すことを決意した。Y社以外のテナントは、事情を了解し、賃貸借契約期間の満了時に出て行ってくれた。

ところが、甲が難物で、Y社は高額の立退料を要求した。Xは、引越し費用を用意することは考えないでもないが、甲は五〇〇万円以上でなければ駄目だという。

そもそも、甲は、このビルに入居以来、さまざまな問題を起こしていた。例えば、賃料は、月額六万円と合意され、そのとおりに契約書も作成されていた。しかし、甲は借りはじめの三か月間は六万円支払っていたがその後、Aに対して、「高すぎるから五万円で十分だ」と告げ、五万円しか払っていない。また、ビルの側壁面に電光掲示板、屋上に物置を設置した。甲は、Aにはそうすると告げているが、Xには何の断りも入れていない。そもそもAは、賃貸借契約の仲介をしただけで、Xの代理人ではない。Xは、賃料の減額、電光掲示板・物置の設置のいずれも承知してはいない。特に、屋上の物置設置は、建物の強度保持の観点から大きな問題で、OKが出せるわけがない。

Xは、弁護士に相談し、月一万円の未払い賃料があること、用法遵守義務に違反していることを理由に、賃貸借契約を解除し、Y社に対し、建物居室の明渡請求訴訟を提起した。甲は、本人訴訟で対応し、Aを介して賃料減額、電光掲示板・物置設置につきXは承諾していたと主張し、居室の改修と物置設置の費用二七〇万円を支出した旨の領収書を提出した。

甲の強引な言い分の押し付けと独りよがりの受け止め方は、いささか特異である。自分の言い分が通らないことを承知のうえで小理屈を言い張る人は世間にしばしばみられるが、甲は演技ではなく、自分の言い分が通らないはずはないと信じている模様である。しかも、自分は少しばかり地域に知られた人物と思っている節があり、Y社がこのビルを借りてやることは、むしろXの箔付けになると考えているようだ。

なぜなのだろうか。一審の裁判官は、甲がある「士業」であることによるものだと気がついた。しかし、この民事訴訟においては、甲の自分勝手な言い分は何一つ通るものはない。甲は、Aから賃料や物置の設置についてのXの苦情を聞いており、Xが承諾していないことは分かっていたはずだ。

そこで、一審は、X勝訴、Y社敗訴の判決を下した。甲は、控訴した。控訴審でも、甲は相変わらずの対応であった。

控訴審の裁判官は、「士業」である甲の振る舞いが、世間の目にどのように映るか思いを致してみるように甲に諭した。そのうえで、甲が速やかに建物居室を明け渡すのであれば、Xとの間で、滞納賃料の清算と常識的な範囲の額の立退料支払いを内容とする和解を調整する用意がある旨告げた。すると、甲は、裁判所の勧めた和解に感謝の意を表して従った。

控訴審裁判官は、甲が算盤を弾いただけなのか、「士業」であることに目覚めたのかは図りかねた。できれば、後者であってほしいと考えたが、どうであろうか。

世間は見ている

別のケースでは、ある「士業」の乙が、X・Y間の金銭消費貸借契約を仲介し、自らも保証したが、貸金の返済はされず、民事訴訟になった。乙は、その後、貸主から話が違うと責められ、所有建物について抵当権設定仮登記の設定を余儀なくされた。

乙は、知人であるXに、「Bは△△市内で割烹料理店を改修して新規開店するため、地元信用金庫に工事費の融資を申し込んだが、決裁が下りるまで一か月かかる。その間に工事業者等への支払いをするため、一五〇〇万円を貸してやってほしい。△△市内の土地建物を担保に入れさせるし、自分も保証する」旨の申し入れをした。

Xは、平成△年八月三〇日、「借主は、Bの娘であるYおよび法人C(割烹料理店を経営する会社、代表者Y)、貸金一五〇〇万円、返済日平成△年九月三〇日、返済金は一七〇〇万円、保証人乙」と合意して、一五〇〇万円をBに交付した。

これだけならば、乙は、Xに、一か月間一五〇〇万円を融通することで、二〇〇万円の高利を得られる儲け話をもっていったという話である。この「士業」として本来の仕事ではなく、金貸しのブローカーまがいの振る舞いである点において、品位に欠ける点が問題とされるにすぎない。

しかし、話のとおりに進むことはなく、Xには貸金がまったく返済されていない。Xは、Yに対し、貸金返還請求訴訟を提起したが、YはBが無断でしたことで、自分には責任がないと争っている。Y側の言い分は、微妙であるが、当時のB・Yの関係や借用書のYの署名の真正いかんによっては法的に通らないともいえない。もっとも、その場合には、Bに対して不法行為(詐欺)に基づく損害賠償請求は可能であるが、Bには資力がない。

このケースでは、乙が、なぜこのような金貸しのブローカーまがいの貸金契約の仲介をしたのか明らかにならなかったが、おそらくはB・Y側から報酬を得ているのであろう。B・Y側は、当初から一七〇〇万円を一括返済するつもりはなかったと思われるが、乙は、そこまで共謀していたのではなさそうである。また、乙は、Xから責められ、所有建物について抵当権設定仮登記を設定しているから、自分の責任についての認識はないとはいえない。しかし、実際には、Xの一五〇〇万円は返ってきてはいない。こうした目にあったXが、その後、乙に対してはもとより乙の属する「士業」層全体に対して、どのような気持ちを持つかについては、多言を要しないであろう。

「士業」は、人の役に立ち、困った人を助け、社会の役に立つ職業であるはずである。その振る舞いには、裁判所ばかりでなく、世間から注視されていることを忘れてはならない。

48 二審での頑張り方

一審での負け戦を控訴審で鮮やかに逆転し勝訴する痛快事は弁護士の醍醐味であろう。裁判官からみても、こういう攻め方をされれば、改めて熟考せざるを得ないという妙手に感心することがある。控訴理由書で、総花的に一審判決に対する不満を述べるのでは勝ち目は薄い。というのは、昨今の一審では、適切に争点整理をし、集中証拠調べを行う争点中心審理が浸透しているから、多くのケースでは、一審で勝負が着いているからだ。そうしたこともあって、近時の東京高裁では、控訴事件について第一回口頭弁論期日で結審する事件の割合が七割を超えている。

もっとも、一回結審だとおざなりな一丁上がり式の審理にならないか警戒する声もある。

それでは、その実情はどうか。

あざといやり口はビジネスモデルか?

そのケースは、金銭消費貸借契約をめぐる紛争で、貸主が借主に対し貸金返還請求をしたのに対し、借主が、貸主は複数の会社の法人格を巧みに利用して金銭貸し付けを行い、実質的に利息制限法違反の利息・遅延損害金を取得したと主張して、不当利得(過払い金)の返還を請求したものであった。

一審判決は、貸金返還請求、不当利得返還請求ともに一部認容した(東京地判平成二二年四月一五日金判一四〇一号二六頁)。その結果は、差引すると貸主が借主に二二〇〇万円余の返還を要するというものであったから、借主側は必ずしも負け戦というわけではなかった。

双方が控訴した控訴審では、借主側の訴訟代理人は、改めてこのケースの構図を描き直した。貸主側は、資金に余裕のある会社で、英国領バージン諸島法やドミニカ国法を準拠法として設立したペーパーカンパニーを含む五つの会社を使って、貸金業の登録も受けずに、金貸しのサイドビジネスをしていた。貸付けの前提として、名目だけで実体のないアドバイザリー契約を結ばせて、定額で報酬を得たうえに、実際に融資したときには成功報酬を得ていた。そればかりか利息を天引きし、名目貸金額どおりの金利も支払わせていた。こういう方法をとることで貸主側が得たものを合算すると、利息制限法の利率を大幅に超える金利になる。しかし、巧妙に五社の法人格を使いわけていて、全体の中での各社の役割を認識することが難しい状態にしていたのである。

一種のビジネスモデルということもできようが、借り手の足下につけ込んだあざといやり口である。借主側は控訴審でもっと調べてもらえば五社が一体のものと分かるはずであるとして、法人格否認の法理を主張した。法人格否認と判断されるためには、法人格が形骸化しているか、法人格を濫用しているか、いずれかの評価がされなければならない。

法人格を濫用した違法行為

借主側の戦法は、文書提出命令を申し立てることであった。そして、命令に応えて提出された会計関係の帳簿等について順次検討し、さらに法人格否認と評価されるような事実を具体化して主張していく訴訟活動を展開した。いくつかの文書の提出が命じられた後、借主側は、遂に中核となる会社の社債原簿を見れば、五社の経済的同一性がわかるはずだと分析した。そこで、その社債原簿の文書提出命令を申し立て、王手をかけた。

しかし、貸主側は、それだけは頑として出さないという対応に終始した。他の会計関係帳簿については文書提出命令に応じているのに、社債原簿だけは提出しないと頑張るのは、なぜか。経験則の教えるところでは、社債原簿を出したら、借主側の主張事実が明らかになってしまうからであろう。

裁判所の発令した文書提出命令に従わない場合には、現行民事訴訟法では、裁判所は、その文書の記載に関する相手方の主張を真実と認めることができる(同法二二四条一項)。その結果、このケースでは、①五社のうち何社かは外国法人のペーパーカンパニーであり、いずれも本店所在地での営業の実体はない。その日本における代表者、中核会社の代表者は同一人物Aである。②各社の日本支店や本店の所在地が登記上Aと密接な関係のある場所にあるが、実体のある営業所は存在しない。③Aは各社を利用し、貸付けの準備、貸付けの実行及び貸付金の回収に至るまで一連の過程を一人で決定し、実行していた。④五社の法人間で財産の混同、業務の混同がみられる。⑤各社の取締役会、株主総会等が開催されず、会社法、商法等により求められる手続は遵守されていないし、企業会計上求められるルールも無視されている。⑥五社間ではAを中核として資金が循環し、その財務が混同している。こうした事実が認定された。

控訴審判決は、Aが、五社の法人を完全に支配し、①ないし⑥の事実は、いずれも法人形式を無視する徴表と評価すべきであるとした。法人格は形骸化しており、Aは本件貸金取引をするについて、本来の利息以外に定額報酬及び成功報酬を得る目的で法人格を利用したものと推認され、特段の事情のない限り、利息制限法の規定を潜脱する不当な目的があったと解されるから、法人格を濫用したものといえる旨判示した(東京高判平成二四年六月四日金判一四〇一号一四頁)。金銭消費貸借契約と関連する契約における当事者の法人格を否認したのである。その結果、過払いは三七〇〇万円に上り、貸主が借主に返還しなければならないこととなった。

控訴審での弁護士の手腕

Aはベンチャー経営者としてその活躍ぶりが経済誌に紹介されたこともあるが、本件を見る限り、その内実は相当に問題がある。そこで、この判決は、「被告ら相互の関係と実態にかんがみると、Aの貸付けに係るビジネスは、構造的に法人格を濫用する違法なものと評価される余地がある」旨付言している。その趣旨は、金銭消費貸借契約が構造的に法人格を濫用する違法な形態で成立した場合には、端的に公序良俗違反として無効と解してもよいことを示唆するものである。複数の法人格を悪用した貸金ビジネスの命運は、ここに断たれたのである。

この控訴審判決に対しては、上告・上告受理申立てがされたが、最高裁は、速やかに上告棄却・上告不受理とし、借主勝訴判決が確定した。

控訴理由書において、一審判決で解明不足の点があることが説得的に述べられれば、控訴審としては、いくらでもそれに応える用意はあるのだ。一回で結審しない事件は三割あるのであるから、そこで、どのように頑張りをみせるかが、弁護士の腕の見せ所というべきであろう。

49 フェアな訴訟代理人の勝利

民事訴訟は証拠に基づく事実認定による裁判である。根拠の乏しい憶測ではなく、証拠により事実があったと認識できることがミニマムの要請である。

それでは、事故に遭遇したとみられる被害者が記憶を有していないケースでは、どのように事実認定がされるのか。

事故の記憶のない原告

Xは、Y(JA共済)との間で自動車共済契約を締結している。この自動車共済契約には、被共済者が被共済車両に搭乗中に急激かつ外来の事故により身体の傷害を負った場合に共済金を支払う旨の特約がある。Xは、被共済車両に搭乗中、急激・偶然・外来の事故により頭部骨折、頭蓋内の内出血・血腫の傷害を負ったと主張として、Yに対し、同契約に基づき共済金及び遅延損害金を請求した。Xは、①被共済車両に搭乗中に事故に遭い、②その事故と被共済者が身体に被った傷害との間に相当因果関係のあることを主張立証する必要がある。これに対し、Yは①②の事実を争った。

一審判決は、Xの請求を認容したが、Yは控訴した。Xは、頭蓋骨骨折、急性硬膜下血腫で、一か月間入院するような傷害を負っていたのであるが、やっかいなことに事故に遭遇した記憶が欠落していた。Xは本人尋問においても、「シートベルトをして、自動車を運転中、看板を擦った後に小石の山に乗り上げたが、車両は止まらずに通過し、乗り上げた衝撃で体が左右に揺られたものの、頭を打った記憶や感覚はなく、車両のハンドルから手が離れたこともない」と供述するにとどまったのである。

Yは、控訴理由において、Xの本人尋問を前提とすると、事故があったとしても、その衝撃は頭部に骨折等を来たすような強い衝撃であったとはいえないと主張した。確かに、Xの本人尋問の結果からは、そもそも事故を起こしたかどうか明らかではない。「看板を擦った後に小石の山に乗り上げた」のが事故であるとしても、頭を打った記憶がないというのであるから、頭蓋骨骨折をするような事故とは解されない。普通に考えればそうなりそうである。

しかし、果たして、本件について、そのような事実認定でよいのか。

動かし難い事実

事実認定の基本は、動かし難い事実を押さえることにある。動かし難い事実とは、当事者間に争いのない事実及び客観的な証拠によって確実に認定し得る事実である。動かし難い事実から事案の大きな枠組みを把握し、その枠組みの中に個々の争点を位置付けて、証拠を吟味していくのだ。つまり、動かし難い事実をつなぎ合わせて、全体を見通しつつ、経験則により要証事実である「事故による受傷」を推認することができるかどうかを判断していくのである。

本件において、まず、Xが受傷するに至った経緯についての事実はこうだ。

A-1　Xは、平成△年一二月六日の日中は、普段どおり自らが神主をしている神社で務めを果たした。

A-2　Xが帰宅するため本件自動車を運転する以前の時点において、頭蓋骨骨折、急性硬膜下血腫のような重篤な傷害を既に負っていたことをうかがわせる事情はない。
[B－1] Xは、自宅に戻る際、道を間違え、自動車の左前輪がパンクして大破し、左側のドアミラー等を脱落させたままの危険な状態で帰路とは異なる道路を走行する異常な運転を続けた。
[B－2] 警察署前交差点で検問により運転を停止させられ、事情聴取を受けた際には、左こめかみに擦過傷が認められ、パンクした事実や自損事故の場所すら認識していなかった。
　[A]・[B]の事実からすると、
[C] Xは帰宅するため自動車運転中に自損事故を起こしたことがうかがわれる。
　そして、
[D－1] Xは、翌七日、総合病院へ緊急搬送され、頭蓋骨骨折、急性硬膜下血腫の診断を受けた。
[D－2] 警察署で事情聴取を受けた後、総合病院で診断を受けるまでの間に、頭蓋骨骨折、急性硬膜下血腫を受傷するような事態に遭遇したことをうかがわせる事情はない。
　[C]・[D]の間接事実を総合すると、経験則上、特段の事情がない限り、次の事実を推認することができる。
[E－1] Xは、神社から自宅に帰宅すべく本件自動車を運転していた時間帯に、日時、場所は特定できないものの、自動車の前輪のタイヤを大破させるような強い衝撃を伴う自損事故を起こした。
[E－2] Xは、その衝撃で頭蓋骨骨折を伴う傷害を負い、意識が明瞭でないままの状態で本件自動車の運転を続けた。
[E－3] Xは、自損事故の結果、翌七日までの間に急性硬膜下血腫を引き起こすに至った。

本件における動かし難い事実は、①Xは、自動車の左前輪のタイヤがパンクして大破し、左側のドアミラー等を脱落させたままの危険な状態であるのに、帰路とは全く異なる場所で本件自動車の運行を続けていたこと、②Xは、警察署で事情聴取を受けた際には、左こめかみに擦過傷が認められたが、パンクしていることすら認識していなかったこと、③Xは、翌日、総合病院へ緊急入院し、頭蓋骨骨折、急性硬膜下血腫と診断され、一か月間入院治療を受けたことだ。これらの動かし難い事実から、裁判官は、E-1からE-3までの事実を推認し、「事故による受傷」を認定したのである。

Xが事故に遭遇した記憶を欠いていることは、マイナス評価を受ける。しかし、本件事故が推認できる以上、Xの頭部に認知能力の一時的な減退や記憶の混濁などの異変を生じさせる強い外力が加わったために記憶の欠落が生まれたものとみるべきであろう。

そもそも本件は、Xの属性からみても過大な共済金請求ではないことからみても、保険金(共済金)を不正請求するモラルリスク案件とはいえない。すなわち、Xは神主という近隣の人から一定の信頼を受ける職業を持っていた。さらに、Xは、本人尋問において、自らの記憶を歪めることなく主観的認識のとおり供述した。これは、裁判官の眼からみると、かえって人物としての信頼性を獲得する結果になった。Xの訴訟代理人である弁護士は、事故の記憶のないXにどのように語らせるか、考えをめぐらせたに違いない。しかし、Xの訴訟代理人は、勝訴を狙うために供述を操作・汚染することをしなかった。

控訴裁判所は、控訴を棄却した。愚直な正直者とフェアな訴訟代理人が勝訴したのである。

50　だまされる弁護士

「ミスター検察」と呼ばれた伊藤栄樹さん（一九二五年〜一九八八年）は、「巨悪を眠らせない検察」を標榜して、法律実務家のみならず広く社会的支持を得た。その伊藤さんに、『だまされる検事』『まただまされる検事』（立花書房、一九八二年・一九八七年）という秀逸なエッセイ集がある。誠に、法律実務家は、あらゆる場面でだまされるリスクに当面している。これは、検察官、弁護士、裁判官とも皆同じで、だましおおせればだました側に利益があることに由来する。米国でも、弁護士を狙うオンライン詐欺があるようだ。

高中正彦弁護士は、「弁護士は、依頼者にだまされ、弁護士にだまされ、事務員にだまされるものである」といわれる。ウーン、そうなのか。いくつかの実例を挙げて、反省材料にしよう。

詐欺だと気づかず

元の依頼者に弁護士の預り金口座を不正利用される詐欺にあった弁護士のケースがある。

弁護士Aは、元の依頼者Bからの電話により、「大口の民事訴訟案件を依頼したいので、先生の預り金口座の口座番号を教えてほしい」という連絡を受けた。Aは以前、Bの事件を担当したが、そのときの印象では、事件のスジは芳しくなく、したがって、事件の経過、顚末の後味もそれほどよいものではなかった。しかし、再度の依頼は、自分を信頼しているということであるから、無碍に断ることはせず、案件の内容を聞いたうえで、受任の諾否を判断しようと考えた。もっともなスタンスだ。Bの説明は、「前回は報酬の関係でご迷惑をかけましたが、今度は、提訴手数料・着手金などは最初にきちんと、先生の銀行口座に振り込みます」と言う。

そこで、預り金口座番号を知らせたところ、提訴手数料など一〇〇〇万円台の金員が入金された。ところが、それはBではなくて、別人Cからの入金であった。Bの説明は、「提訴するため、Cに借入れしたのですが、Cの意向で、Cが直接先生宛に振り込む形になりました」。Aは、Bから訴訟費用名目で借入れを申し込まれたCが、金員をBに交付すると別の用途に使われかねないことを懸念して、直接振り込んだのであろうと理解した。その後間もなく、Bから、「都合で訴訟はやめます」と告げられ、「先生の口座に振り込んだものを返金してほしい。振込み手数料はこちらで持ちます」と言われ、それを断る理由もないので、AはBの銀行口座に振り込み返金した。

ところが、BはCから借入れをするのに、使途は訴訟費用だと信用させるために、弁護士Aの預り金口座に送金させたのであった。Aは、Bの詐欺の片棒を担がされてしまったのだ。その後、CからAに対する損害賠償請求訴訟が起こされ、Aは敗訴した。もっとも、BとCとで共謀してAを嵌めた可能性も絶無ではないように思われる。しかし、判決では、Bの詐欺行為を弁護士Aが過失により幇助したと判断され、Cからの請求が認容されたのであった。Aとしては、本件では、預り金の返還に当たってもっと注意深く対応しなければならなかったのだ。

もう一つ、依頼者の詐欺の餌食になった弁護士のエピソードをみてみよう(東京地判平成七年一一月九日判タ九二一号二七二頁)。

だましたのは、Oから所有土地の隣接地の地上げの依頼を受けた法律事務所元事務員Pである。Pは、刑務所で知り合ったQとともに、隣地所有者Rと地上げの交渉をし、売渡承諾書を得た。その後、Pは、Oに手付金に充当する買付証拠金八〇〇万円を準備するように頼んだが、Oは、隣地に借地人の建物が建っていたことに不安を抱き、売主側Rに弁護士をつけることを望んだ。

そこで、Pは、過去に弁護士会の海外旅行で知り合い、建物明渡強制執行で立会いをしたことのある弁護士Xに対し、買付証拠金の授受の立会いを委任した。ここからがPの本領発揮で、Pは、何と売主Rの替え玉を用意して、ホテルのロビーでX、Oとの面会をセットしたのである。替え玉は、住民票と戸籍謄本を示して、当然のことながら自分がR本人だと述べ、Xはそれを信用し、Oの求めに応じて、預り証にR代理人として署名押印をして八〇〇万円を受領した。その後、Xは、売買契約締結の立会いも委任され、同じホテルで、土地売買契約書にR代理人として署名押印をした。そして、Xは、手付金の残金一二〇〇万円を受け取ったPから、謝礼三〇万円を渡された。

その後、Pと連絡がとれなくなってしまったOは、Rに直接連絡したところ、「土地売買などはまったく知らない」と言われて、本件詐欺が発覚した。OはXに対して、損害賠償請求訴訟を起こし、Xは一六八〇万円の賠償を命じられた。法律論としては、弁護士Xの自称Rに対する本人確認義務が果たされたか否かが争点となったが、それが不十分であったとして、損害賠償義務が認められたのである。

詐欺師一味は、手練手管にたけたプロの犯罪集団であるから、売主Rの成りすましをした輩も、弁護士Xを巧妙にだましにかかったのであろう。また、Xは、Pが旧知であり、「先生、先生」と奉っていたことから、自分がだまされているとは毛ほども疑わなかったのではなかろうか。Xは高齢でもあり、気の毒ではあるが、民事責任ありとの結論はやむを得ないであろう。

あわや訴訟詐欺の片棒担ぎに

だまされた弁護士が、それに間一髪で気づき訴訟詐欺の片棒を担ぐことにならなかったケースもある(加藤新太郎『弁護士役割論〔新版〕』(弘文堂、二〇〇〇年)二八七頁)。

保険金詐欺を企んだ依頼者乙が、交通事故で両眼を失明したとして弁護士甲に保険金請求を依頼した。甲は、交通事故証明、両眼失明との診断書を確認して、保険会社六社に三億円の保険金請求をした。しかし、保険会社側の反論・反証により、これは、保険金請求者乙の故意による事故招致であり、失明も偽装で、乙は、眼鏡の着用等の条件の付せられていない免許証の再交付まで受け、普通に生活しているという事実が明らかになった。

不正請求が判明した段階で、裁判所は訴え取下げ勧告をし、これを受けて、甲は訴えを取り下げた。甲はだまされたが途中で引き返すことができ、最終的には、実害はなく、致命的な結果には至らなかったのである。

弁護士甲の反省点は、一枚の交通事故証明と二通の診断書のみを根拠に提訴したことが執務の在り方としてよかったかという問題である。乙から、事故の経過、前後の事情を聴き取り、医療記録を確認するなどきちんと詰めたとすれば、怪しさに気づき、提訴を控えることが可能であったかもしれないからだ。

本書は、『会社法務A２Z』（第一法規）での連載「『司法の小窓』から見た法と社会」第61～110回に一部加筆修正を加えたものです。

加藤新太郎

弁護士(アンダーソン・毛利・友常法律事務所顧問).
博士(法学，名古屋大学).
1950年愛知県生まれ. 1973年名古屋大学法学部卒業. 1975年裁判官任官. その後，東京，名古屋，大阪，釧路に勤務. 1988年司法研修所教官，1992年同事務局長. 1998年東京地裁判事(部総括). 2005年新潟地裁所長，2007年水戸地裁所長，2009年東京高裁判事(部総括)を歴任して，2015年依願退官. 2021年まで中央大学法科大学院教授.
単行著書として，『弁護士役割論〔新版〕』『手続裁量論』『民事事実認定論』『民事事実認定の技法』(いずれも弘文堂)，『コモン・ベーシック弁護士倫理』(有斐閣)，共著・編著書として，『コンメンタール民事訴訟法Ⅰ〜Ⅶ』(日本評論社)，『条解民事訴訟法〔第2版〕』(弘文堂)，『裁判官が説く民事裁判実務の重要論点』シリーズ(第一法規)，『民事尋問技術〔第4版〕』(ぎょうせい)，『要件事実の考え方と実務〔第4版〕』(民事法研究会)ほか多数.

四日目の裁判官
—司法の小窓から見た事件と世間

2024年 4月16日 第1刷発行
2024年10月 4日 第2刷発行

著　者　加藤新太郎《かとうしんたろう》

発行者　坂本政謙

発行所　株式会社 岩波書店
〒101-8002 東京都千代田区一ツ橋2-5-5
電話案内 03-5210-4000
https://www.iwanami.co.jp/

印刷・三陽社　カバー・半七印刷　製本・松岳社

ISBN 978-4-00-025476-2　Printed in Japan